ΘΕΑ ΣΤΟ ΣΚΟΤΑΔΙ

Πρώτη έκδοση στα ελληνικά: 2003

Διόρθωση: Δέσποινα Παπαγιαννοπούλου
Σχεδιασμός εξωφύλλου: Μαρίνα Ορφανίδου & συνεργάτες
Σελιδοποίηση, φιλμογράφηση: «ΑΝΑΓΡΑΜΜΑ»
Εκτύπωση, βιβλιοδεσία: Γ. Αργυρόπουλος ΕΠΕ

Εκδόσεις ΠΟΤΑΜΟΣ
Υψηλάντου 31, 106 75 Αθήνα, τηλ.: 210-7231271, φαξ: 210-7254629

http://www.potamos.com.gr

ISBN: 960-8350-03-4

WILLIAM STYRON

ΘΕΑ ΣΤΟ ΣΚΟΤΑΔΙ

Χρονικό μιας τρέλας

Μετάφραση
ΠΑΛΜΥΡΑ ΙΣΜΥΡΙΔΟΥ

ποταμός
ΑΘΗΝΑ 2003

Στη Rose

ΣΗΜΕΙΩΜΑ ΤΟΥ ΣΥΓΓΡΑΦΕΑ

Αυτό το βιβλίο ξεκίνησε ως διάλεξη που δόθηκε στη Βαλτιμόρη τον Μάιο του 1989, σε συμπόσιο με θέμα τη συναισθηματική διαταραχή, υπό την αιγίδα του τμήματος ψυχιατρικής της Ιατρικής Σχολής του Πανεπιστημίου Johns Hopkins. Το κείμενο επεκτάθηκε σημαντικά και δημοσιεύτηκε με τη μορφή δοκιμίου στο *Vanity Fair* τον Δεκέμβριο της ίδιας χρονιάς. Η αρχική μου πρόθεση ήταν να ξεκινήσω με την αφήγηση ενός ταξιδιού μου στο Παρίσι – ταξίδι ξεχωριστό για μένα, ιδιαίτερα σημαντικό για την εξέλιξη της κατάθλιψης που με κατέτρυχε. Ωστόσο, παρά το γεγονός ότι το περιοδικό μου παραχώρησε ασυνήθιστα μεγάλο χώρο, αναπόφευκτα υπήρχαν περιορισμοί, και υποχρεώθηκα να παραλείψω αυτό το κομμάτι χάριν άλλων ζητημάτων που επιθυμούσα να θίξω. Στην παρούσα εκδοχή, αυτό το μέρος επανήλθε στη θέση του, στην αρχή του κειμένου. Πέρα από ορισμένες ασήμαντες τροποποιήσεις και προσθήκες, το υπόλοιπο κείμενο παρουσιάζεται όπως στην αρχική του δημοσίευση.

W. S.

Φόβος γάρ, ὃν ἐφρόντισα, ἦλθέν μοι,
καὶ ὃν ἐδεδοίκειν, συνήντησέν μοι.
Οὔτε εἰρήνευσα οὔτε ἡσύχασα οὔτε ἀνεπαυσάμην,
ἦλθεν δὲ μοι ὀργή.

Ἰώβ, 3, 25-26

I

ΕΝΑ ΚΡΥΟ ΒΡΑΔΥ στο Παρίσι, στα τέλη Οκτωβρίου του 1985, συνειδητοποίησα για πρώτη φορά ότι η μάχη με τη διανοητική μου διαταραχή –μια μάχη στην οποία είχα εμπλακεί εδώ και αρκετούς μήνες– ενδέχετο να αποβεί μοιραία. Η αποκάλυψη ήρθε τη στιγμή που το αμάξι στο οποίο επέβαινα διέσχιζε ένα δρόμο που γυάλιζε απ' τη βροχή, λίγο μακρύτερα από τα Ηλύσια Πεδία και προσπερνούσε μια θαμποφωτισμένη ταμπέλα νέον που έγραφε HÔTEL WASHINGTON. Είχα να δω το συγκεκριμένο ξενοδοχείο τριάντα πέντε χρόνια, από την άνοιξη του 1952, όταν υπήρξε για κάμποσες νύχτες το πρώτο παρισινό μου κατάλυμα. Κατά τους πρώτους μήνες του *Wanderjahr** μου, ταξίδεψα σιδηροδρομικώς από την Κοπεγχάγη στο Παρίσι, και εξαιτίας της αυθαίρετης

* Χρόνος παιδευτικής περιπλάνησης, προτού αφοσιωθεί κάποιος στο επάγγελμά του. (Σ.τ.Μ.)

απόφασης ενός νεοϋορκέζου ταξιδιωτικού πράκτορα ξέπεσα στο Hôtel Washington. Εκείνη την εποχή το ξενοδοχείο ήταν ένας από τους πολλούς υγρούς, ξενώνες στοιχειωδών ανέσεων που προορίζονταν για τις ανάγκες των τουριστών, Αμερικανών στην πλειοψηφία, με πενιχρό βαλάντιο, οι οποίοι, αν ήταν σαν εμένα –κι ένιωθαν νευρικότητα καθώς έρχονταν για πρώτη φορά σε επαφή με τους Γάλλους και τις αλλόκοτες εκκεντρικότητές τους–, θα κρατούσαν για πάντα την ανάμνηση του εξωτικού μπιντέ που ήταν εγκατεστημένος στο μελαγχολικό και άχαρο υπνοδωμάτιο, όπως, άλλωστε, και της τουαλέτας στο βάθος του κακοφωτισμένου διαδρόμου, πράγματα τα οποία, ουσιαστικά, όριζαν το χάσμα μεταξύ γαλλικής και αγγλοσαξονικής κουλτούρας. Όμως η διαμονή μου στο Washington ήταν σύντομη. Σε λίγες ημέρες, αμερικανοί φίλοι, τους οποίους είχα προσφάτως γνωρίσει, με πήραν από κει και με εγκατέστησαν σε ένα ακόμα πιο ελεεινό αλλά πιο ενδιαφέρον ξενοδοχείο του Μονπαρνάς, κοντά στο καφενείο Ντομ και σε άλλα ανάλογα λογοτεχνικά στέκια. (Ήμουν γύρω στα είκοσι πέντε και είχα μόλις δημοσιεύσει ένα πρώτο μυθιστόρημα, που με κατέστησε διάσημο πρόσωπο, αν και όχι από τα πολύ σπουδαία, αφού ελάχιστοι από τους Αμερικανούς στο Παρίσι είχαν ακούσει για το βιβλίο μου, κι ακόμα λιγότεροι, φυσικά, το είχαν διαβάσει). Με τα χρόνια, το Hôtel Washington έσβησε από τη μνήμη μου.

Επανεμφανίστηκε, εντούτοις, εκείνη τη νύχτα του Οκτωβρίου, όταν πέρασα έξω από την γκρίζα πέτρινη πρόσοψη, μες στο ψιλόβροχο, και μου ήρθε στο νου η άφιξή μου πριν από τόσα χρόνια, κάνοντάς με να αισθανθώ πως ο κύκλος μου έκλεισε, με τρόπο μοιραίο για μένα. Θυμάμαι ότι είπα μέσα μου πως το επόμενο πρωί, που θα αναχωρούσα από το Παρίσι για τη Νέα Υόρκη, θα έφευγα για πάντα. Με συντάραξε η βεβαιότητά μου ότι δεν θα ξανάβλεπα τη Γαλλία, όπως και ότι δεν θα ανακτούσα την ενάργεια πνεύματος, που με εγκατέλειπε με τρομακτική ταχύτητα.

Λίγες μόλις μέρες νωρίτερα, είχα καταλήξει στο συμπέρασμα ότι έπασχα από βαριά κατάθλιψη, και πάλευα, ανεπιτυχώς, στα τυφλά για να την αντιμετωπίσω. Το ευτυχές γεγονός ότι βρισκόμουν στη Γαλλία δεν με παρηγορούσε. Από το πλήθος των φριχτών, τόσο σωματικών όσο και ψυχολογικών, εκδηλώσεων της ασθένειας, ένα από τα πιο διαδεδομένα συμπτώματα είναι το μίσος προς τον εαυτό σου ή, για να το θέσω λιγότερο κατηγορηματικά, η χαμηλή αυτοεκτίμηση – και καθώς η αρρώστια εξελισσόταν, υπέφερα όλο και περισσότερο από ένα αόριστο αίσθημα μειονεξίας. Η ατονία και η κακοκεφιά μου αποκτούσαν ακόμα πιο ειρωνική διάσταση, καθόσον είχα ταξιδέψει αεροπορικώς στο Παρίσι για μια σύντομη τετραήμερη επίσκεψη, προκειμένου να παραλάβω ένα βραβείο, το οποίο θα έπρεπε να είχε αποκαταστήσει πανηγυρικά την αυτοεκτίμησή μου. Στις αρχές του καλοκαιριού με είχαν ειδοποιήσει πως είχα επιλεγεί να τιμηθώ με το Prix Mondial Cino del Duca, ένα ετήσιο βραβείο που απονέμεται σε καλλιτέχνες ή επιστήμονες των οποίων το έργο απηχεί θέματα ή αρχές διαποτισμένες από ένα πνεύμα «ουμανισμού». Το βραβείο καθιερώθηκε στη μνήμη του Τσίνο ντελ Ντούκα, ενός ιταλού μετανάστη, ο οποίος δημιούργησε περιουσία στις παραμονές καθώς και μετά το τέλος του Δευτέρου Παγκοσμίου Πολέμου εκδίδοντας και διανέμοντας φτηνά περιοδικά, προπάντων κόμικς, καίτοι αργότερα ασχολήθηκε επίσης με ποιοτικές εκδόσεις· υπήρξε ιδιοκτήτης της εφημερίδας *Paris-Jour*. Διετέλεσε επίσης παραγωγός ταινιών και ιδιοκτήτης περίφημων αλόγων κούρσας, τα οποία πρώτευαν σε αγώνες στη Γαλλία και στο εξωτερικό. Βάζοντας πλώρη για ανώτερες πνευματικές απολαύσεις, εξελίχθηκε σε ονομαστό ευεργέτη, ενώ παράλληλα ίδρυσε εκδοτικό οίκο που δημοσίευσε αξιόλογα λογοτεχνικά έργα (το πρώτο μου μυθιστόρημα, το *Lie Down in Darkness*, συμπεριλαμβανόταν συμπτωματικά στις πρώτες εκδόσεις του ντελ Ντούκα, μεταφρασμένο υπό τον τίτλο *Un lit de ténèbres*)· όταν πέθανε, το 1967, ο εν λόγω εκδοτικός οίκος, οι Éditions Mondiales, αποτελούσε πλέον σημαντικό τμήμα μιας πολυσχιδούς, πλούσιας αλλά και τόσο επιφανούς αυτοκρατορίας ώστε με δυσκολία θυμόταν κανείς ότι ξεκίνησε από τα κόμικς· τότε η χήρα του, Σιμόν ντελ Ντούκα, δημιούργησε ένα ίδρυμα, του οποίου πρωταρχική λειτουργία ήταν η ετήσια απονομή του ομώνυμου βραβείου.

Το Prix Mondial Cino del Duca έχει μεγάλο κύρος στη Γαλλία -χώρα που έχει μια λόξα διασκεδαστική με τα πνευματικά βραβεία- όχι μόνο για την εκλεκτικότητά του και την υπεροχή πνεύματος που επεδείκνυε κατά την επιλογή των βραβευμένων, αλλά και λόγω της γενναιοδωρίας του ίδιου του βραβείου, το οποίο εκείνη τη χρονιά ανερχόταν στο ποσό των είκοσι πέντε χιλιάδων δολαρίων περίπου. Ανάμεσα στους νικητές της τελευταίας εικοσαετίας περιλαμβάνονται οι Κόνραντ Λόρεντς, Αλέχο Καρπεντιέρ, Ζαν Ανούιγ, Ιγκνάτσιο Σιλόνε, Αντρέι Ζαχάροφ, Χόρχε Λουίς Μπόρχες κι ένας Αμερικανός, ο Λούις Μάμφορντ. (Προς το παρόν δεν έχουν βραβευτεί γυναίκες, οι φεμινίστριες ας το σημειώσουν.) Ως

Αμερικανός, μου ήταν εξαιρετικά δύσκολο να μην θεωρήσω τιμή μου το γεγονός ότι με περιέλαβαν στην ομάδα τους. Παρ' ότι η απονομή και η αποδοχή τιμητικών διακρίσεων προκαλεί, κατά κανόνα, σε όλες τις πλευρές ένα νοσηρό κλίμα επίπλαστης μετριοφροσύνης, συκοφαντίας, μιζέριας και φθόνου, είναι υπέροχο, κατά την άποψή μου, να αποδέχεσαι ορισμένα βραβεία, έστω κι αν δεν τα θεωρώ απαραίτητα. Το Prix del Duca μου πρόσφερε τόσο ειλικρινή ευχαρίστηση ώστε μου φάνηκε κουτό να το σκεφτώ καλύτερα, κι έτσι το δέχτηκα με ευγνωμοσύνη, απαντώντας γραπτώς ότι θα τηρούσα τον απολύτως θεμιτό όρο να παρευρεθώ στην τελετή. Τότε ακόμα το θεωρούσα ως ευχάριστο ταξίδι αναψυχής, όχι βιαστικό ταξίδι-αστραπή. Αν ήμουν σε θέση να προβλέψω σε τι διανοητική κατάσταση θα βρισκόμουν, καθώς πλησίαζε η μέρα της απονομής, δεν θα είχα δεχτεί.

Η κατάθλιψη είναι μια συναισθηματική διαταραχή τόσο μυστηριωδώς οδυνηρή και ασαφής όσον αφορά το πώς την συλλαμβάνει ο νους –η νόηση που δρα ως μεσάζων– ώστε ξεπερνά κάθε περιγραφή. Ως εκ τούτου, παραμένει σχεδόν ακατάληπτη σε όσους δεν την έζησαν στην ακραία μορφή της, μολονότι η μελαγχολία, «το ψυχοπλάκωμα», την οποία βιώνουν κατά καιρούς οι άνθρωποι και η οποία σχετίζεται με τον γενικό αγώνα της καθημερινότητας, είναι τόσο διαδεδομένη ώστε να δίνει σε ορισμένα άτομα μια ιδέα της ασθένειας στην ολέθρια μορφή της. Όμως την εποχή στην οποία αναφέρομαι είχα βουτήξει ήδη σε κάτι βαθύτερο απ' αυτές τις οικείες, υποφερτές κρίσεις μελαγχολίας. Όπως εκ των υστέρων αντιλαμβάνομαι, την εποχή του ταξιδιού στο Παρίσι περνούσα μια κρίσιμη φάση στην πορεία της ασθένειας, έχοντας φτάσει σ' έναν δυσοίωνο ενδιάμεσο σταθμό μεταξύ των αόριστων ενοχλήσεων του καλοκαιριού και της σχεδόν βίαιης κατάληξης του Δεκεμβρίου, που με έστειλε στο νοσοκομείο. Αργότερα θα επιχειρήσω να περιγράψω την πορεία της νόσου, από τις πρώτες εκδηλώσεις μέχρι την τελική νοσηλεία και ανάρρωση, όμως το ταξίδι στο Παρίσι απέκτησε για μένα ιδιαίτερο νόημα.

Την ημέρα της τελετής για την απονομή του βραβείου, που θα γινόταν το μεσημέρι και θα συνοδευόταν από επίσημο γεύμα, ξύπνησα αργά το πρωί στο δωμάτιο του Hôtel Pont-Royal αναλογιζόμενος ότι αισθανόμουν αρκετά καλά, και ανακοίνωσα τα ευχάριστα νέα στη Ρόουζ, τη γυναίκα μου. Με τη βοήθεια του ήπιου ηρεμιστικού Halcion, είχα καταφέρει να νικήσω την αϋπνία μου και να ξεκλέψω μερικές ώρες ύπνου. Αισθανόμουν, λοιπόν, ευδιάθετος. Όμως αυτή η υποτονική ευδιαθεσία ήταν μια συνηθισμένη επίπλαστη κατάσταση και ήξερα πως δεν σήμαινε πολλά, γιατί ήμουν βέβαιος ότι μέχρι να νυχτώσει θα ένιωθα απαίσια. Είχα αρχίσει πλέον να παρακολουθώ ενδελεχώς κάθε στάδιο της επιδεινούμενης κατάστασής μου. Προτού συμβιβαστώ με την αρρώστια, πέρασα ένα διάστημα αρκετών μηνών αρνούμενος να την αποδεχτώ, αποδίδοντας αρχικά την κακοδιαθεσία, την ανησυχία και τις αιφνίδιες κρίσεις άγχους στην αποχή από το οινόπνευμα· τον Ιούνιο, είχα κόψει απότομα το ουίσκι και όλα τα οινοπνευματώδη. Κατά το διάστημα της επιδείνωσης της ψυχικής μου κατάστασης, είχα διαβάσει αρκετά πράγματα για την κατάθλιψη σε βιβλία που προορίζονταν για το ευρύ κοινό, καθώς και στη βίβλο των ψυχιάτρων, το *DSM* (*The Diagnostic and Statistical Manual* της Αμερικανικής Ψυχιατρικής Εταιρείας). Για ένα μεγάλος μέρος της ζωής μου ένιωθα την ανάγκη, αφρόνως ενδεχομένως, να γίνω αυτοδίδακτος στην ιατρική, και συσσώρευσα ένα σωρό ερασιτεχνικές γνώσεις, που ξεπερνούσαν τον μέσο όρο, πάνω σε ιατρικά ζητήματα (τις οποίες πολλοί φίλοι, ασφαλώς αφρόνως, συχνά εμπιστεύονταν), γι' αυτό και εξεπλάγην όταν διαπίστωσα πως δεν ήξερα τίποτα σχετικά με την κατάθλιψη, η οποία από ιατρικής πλευράς μπορεί να θεωρηθεί εξίσου σοβαρή με το διαβήτη ή τον καρκίνο. Το πιθανότερο είναι ότι υποσυνείδητα, ως άτομο με προδιάθεση στην κατάθλιψη, μονίμως απέρριπτα ή αγνοούσα αυτή την ιδιαίτερη γνώση· άγγιζε ευαίσθητες χορδές του ψυχισμού μου, γι' αυτό κι εγώ την απέφευγα, κρίνοντάς την ανεπιθύμητη προσθήκη στα αποθέματα των γνώσεών μου.

Εν πάση περιπτώσει, στο διάστημα των λίγων ωρών που η κατάθλιψη υποχωρούσε τόσο ώστε να μου παρέχει την πολυτέλεια να συγκεντρώνω τη σκέψη μου, είχα φροντίσει προσφάτως να καλύψω το κενό διαβάζοντας μανιωδώς, και είχα απορροφήσει πλήθος συναρπαστικών και ανησυχητικών στοιχείων, τα οποία, εντούτοις, αδυνατούσα να χρησιμοποιήσω στην πράξη. Οι πλέον ειλικρινείς ειδήμονες ομολογούν ευθαρσώς το γεγονός ότι η σοβαρή κατάθλιψη δεν αντιμετωπίζεται εύκολα. Αντίθετα από το διαβήτη, φερ' ειπείν, όπου τα μέτρα που λαμβάνονται άμεσα για να επαναρυθμίσουν την προσαρμογή του οργανισμού στη γλυκόζη μπορούν να αναστρέψουν δραστικά μια επικίνδυνη διαδικασία, θέτοντάς την υπό έλεγχο, η κατάθλιψη σε προχωρημένο στάδιο δεν έχει άμεση θεραπεία: η αδυναμία ανακούφισης, καθώς αποκαλύπτεται βαθμηδόν στον πάσχοντα, είναι ένας από τους πιο επαχθείς παράγοντες της διαταραχής, και αυτό ακριβώς το στοιχείο την κατατάσσει απερίφραστα στην κατηγορία των σοβαρών ασθενειών. Με τη διαφορά ότι στις νόσους που χαρακτηρίζονται αυστηρά κακοήθεις ή εκφυλιστικές, περιμένουμε κάποιας λογής αντιμετώπιση και μελλοντική βελτίωση με χάπια ή φυσιοθεραπεία ή δίαιτα ή χειρουργική επέμβαση, που, μέσα από μια λογική ακολουθία, από την αρχική ανακούφιση θα οδηγήσουν στην τελική ίαση. Είναι τρομερό το γεγονός ότι αν ο ασθενής που υποφέρει από βαριά κατάθλιψη, και δεν είναι ειδικός, ρίξει μια ματιά σε ορισμένα από τα βιβλία της τρέχουσας αγοράς, θα βρει ένα σωρό πληροφορίες όσον αφορά τη θεωρία και τη συμπτωματολογία, αλλά ελάχιστα έγκυρα στοιχεία που θα επέτρεπαν να διαφανεί η δυνατότητα ταχείας ανάρρωσης. Όσοι ισχυρίζονται ότι υπάρχει εύκολη διέξοδος είναι επιπόλαιοι και κατά πάσαν πιθανότητα απατεώνες. Υπάρχουν αξιόλογες εκλαϊκευμένες μελέτες, οι οποίες υποδεικνύουν με έξυπνο τρόπο πως υπάρχει θεραπεία και ίαση, εξηγώντας ότι ορισμένες θεραπευτικές μέθοδοι –η ψυχοθεραπεία ή η φαρμακολογία ή ο συνδυασμός των δύο– είναι δυνατόν να αποκαταστήσουν την υγεία των ασθενών σε όλες τις περιπτώσεις, εκτός από τις πιο επίμονες και ολέθριες· οι πιο σοβαρές μελέτες, ωστόσο, δίνουν έμφαση στη σκληρή αλήθεια ότι η βαριά κατάθλιψη δεν εξαφανίζεται μέσα σε μια νύχτα. Όλα αυτά καταδεικνύουν μια θεμελιώδη, αν και δύσκολη, πραγματικότητα, την οποία πιστεύω ότι οφείλω να διατυπώσω ευθύς εξαρχής: η νόσος της κατάθλιψης παραμένει ανεξερεύνητο μυστήριο. Αποκαλύπτει τα μυστικά της στην επιστήμη πολύ πιο απρόθυμα από πολλές άλλες σοβαρές ασθένειες που μας πολιορκούν. Ο έντονος και ορισμένες φορές κωμικά κραυγαλέος φατριασμός της ψυχιατρικής στις μέρες μας –το χάσμα μεταξύ των οπαδών της ψυχοθεραπείας και των πιστών της φαρμακολογίας– δεν διαφέρει από τους καβγάδες των ιατρικών κύκλων του δέκατου όγδοου αιώνα (να αιμορραγεί κανείς ή να μην αιμορραγεί) και σχεδόν ορίζει και προβάλλει τον ανεξήγητο χαρακτήρα της κατάθλιψης και τη δυσκολία της θεραπείας της. Όπως μου είπε ένας κλινικός γιατρός αυτής της ειδικότητας, με πλήρη ειλικρίνεια, δίνοντας –πιστεύω– μια πετυχημένη αναλογία: «Αν συγκρίνουμε τη γνώση μας με την ανακάλυψη της Αμερικής από τον Κολόμβο, η Αμερική παραμένει άγνωστη· εξακολουθούμε να βρισκόμαστε σ' εκείνο το νησάκι, στις Μπαχάμες».

Από τα διαβάσματά μου είχα μάθει, φερ' ειπείν, ότι από μια ενδιαφέρουσα, τουλάχιστον, άποψη η δική μου περίπτωση ήταν άτυπη. Στα πρώτα στάδια της αρρώστιας οι περισσότεροι άνθρωποι υποφέρουν τα πρωινά και αισθάνονται τόσο άσχημα που δεν μπορούν να σηκωθούν απ' το κρεβάτι. Όσο προχωρά η μέρα, συνέρχονται. Όμως στην περίπτωσή μου συνέβαινε ακριβώς το ανάποδο. Το πρωί ήμουν σε θέση να σηκωθώ και να λειτουργήσω σχεδόν φυσιολογικά, μα το απόγευμα, ή και λίγο αργότερα, ξεκινούσαν τα συμπτώματα – με κυρίευε σιγά σιγά στενοχώρια, καθώς και μια αίσθηση τρόμου και αποξένωσης και, προπάντων, άγχος ασφυκτικό. Υποθέτω πως κατά βάσιν δεν έχει σημασία αν κάποιος υποφέρει περισσότερο το πρωί ή το βράδυ: αν η κατάσταση μαρτυρικής ημιπαράλυσης είναι παραπλήσια, και μάλλον έτσι είναι, το θέμα της χρονικής στιγμής της εμφάνισής της φαντάζει απλός ακαδημαϊκός σχολαστικισμός. Ωστόσο, δεν υπήρχε αμφιβολία ότι εκείνο το πρωί, στο Παρίσι, η συγκεκριμένη αντιστροφή στον συνήθη χρόνο εκδήλωσης των συμπτωμάτων με βοήθησε να τα φέρω βόλτα δίχως απρόοπτα, διατηρώντας, λίγο πολύ, την αυτοκυριαρχία μου στο περίτεχνο ανάκτορο της Δεξιάς Όχθης, όπου στεγάζεται το Ίδρυμα Cino del Duca. Εκεί, σε μια σάλα ρυθμού ροκοκό, μου απένειμαν το βραβείο ενώπιον μιας ολιγάριθμης ομάδας εκπροσώπων του γαλλικού πνεύματος, κι εγώ ευχαρίστησα μιλώντας με σχετική άνεση και δήλωσα πως, παρ' ότι θα πρόσφερα το μεγαλύτερο μέρος του χρηματικού βραβείου σε διάφορες οργανώσεις που προωθούν τους γαλλο-αμερικανικούς δεσμούς, συμπεριλαμβανομένου του αμερικανικού νοσοκομείου στο Νεϊγύ, ο αλτρουισμός έχει τα όριά του (το τελευταίο ειπώθηκε εν είδει αστεϊσμού) και γι' αυτό ήλπιζα ότι δεν θα με κακοχαρακτήριζαν, αν κρατούσα ένα μικρό ποσό για μένα.

Αυτό που δεν ανέφερα, και που δεν ήταν αστείο, ήταν ότι το ποσό που θα κρατούσα το χρειαζόμουν για να πληρώσω δυο εισιτήρια, για να πετάξουμε, την επομένη, εγώ και η Ρόουζ με το Κονκόρντ στις Ηνωμένες Πολιτείες, όπου λίγες μέρες νωρίτερα είχα κλείσει ραντεβού με ψυχίατρο. Για λόγους που είμαι βέβαιος πως προέρχονταν από την απροθυμία μου να δεχτώ το γεγονός ότι το μυαλό μου κατέρρεε, είχα αποφύγει να καταφύγω στη βοήθεια ψυχιάτρου τις προηγούμενες εβδομάδες, παρόλο που η κατάστασή μου επιδεινωνόταν. Ήξερα όμως ότι δεν ήταν δυνατόν να αναβάλλω επ' αόριστον την αντιμετώπιση του προβλήματος, κι όταν, εντέλει, επικοινώνησα τηλεφωνικά με έναν ψυχίατρο που είχε άριστες συστάσεις, εκείνος με ενθάρρυνε να ταξιδέψω στο Παρίσι, λέγοντας ότι θα με δει μόλις επιστρέψω. Ένιωθα επιτακτικά την ανάγκη να γυρίσω, και γρήγορα. Παρ' ότι όλα έδειχναν ότι αντιμετώπιζα σοβαρό πρόβλημα, προτιμούσα να διατηρώ την αισιοδοξία μου. Ένα μεγάλο τμήμα των διαθέσιμων συγγραμμάτων σχετικά με την κατάθλιψη καλλιεργούν, όπως είπα, μια αβασάνιστη αισιοδοξία, υποστηρίζοντας ότι όλες σχεδόν οι καταθλιπτικές καταστάσεις σταθεροποιούνται ή θεραπεύονται, αρκεί να βρεθεί το κατάλληλο αντικαταθλιπτικό φάρμακο· ο αναγνώστης, βεβαίως, εύκολα επηρεάζεται από τις υποσχέσεις για ταχεία ανάρρωση. Στο Παρίσι, ακόμα και την ώρα που εκφωνούσα το λόγο μου, ένιωθα την ανάγκη να τελειώσει η μέρα, επιθυμούσα διακαώς να πετάξω στην Αμερική και να βρεθώ στο ιατρείο του ψυχίατρου, ο οποίος με τα θαυματουργά του φάρμακα θα απομάκρυνε την αρρώστια μου. Ενθυμούμενος, εκ των υστέρων, εκείνη τη στιγμή, δυσκολεύομαι να πιστέψω ότι έτρεφα τόσο αφελείς ελπίδες, ή ότι αγνοούσα σε τόσο μεγάλο βαθμό τις επικείμενες δυσκολίες και τους κινδύνους.

Μετά την τελετή της απονομής δήλωσα στη Σιμόν ντελ Ντούκα, μια σωματώδη και μεγαλοπρεπή μελαχρινή γυναίκα, ότι αδυνατούσα να συμμετάσχω στο γεύμα που θα δινόταν στον πάνω όροφο του λαμπρού ανάκτορου, παρουσία καμιά δωδεκαριά μελών της Γαλλικής Ακαδημίας, τα οποία και με είχαν επιλέξει για το βραβείο. Εκείνη στην αρχή αιφνιδιάστηκε και κατόπιν έγινε θηρίο. Η άρνησή μου ήταν συγχρόνως κατηγορηματική και βλακώδης· δήλωσα ορθά κοφτά πως είχα κανονίσει να γευματίσω σε εστιατόριο με τη γαλλίδα εκδότριά μου, Φρανσουάζ Γκαλλιμάρ. Εννοείται ότι η απόφασή μου ήταν εξωφρενική· όλοι οι ενδιαφερόμενοι είχαν ενημερωθεί μήνες νωρίτερα για το γεύμα –ένα γεύμα προς τιμήν μου, εκτός των άλλων– που αποτελούσε μέρος του εορτασμού. Η συμπεριφορά μου, ωστόσο, ήταν ουσιαστικά αποτέλεσμα της ασθένειας, η οποία είχε προχωρήσει στο στάδιο όπου γεννά ορισμένα από τα γνωστότερα και πιο απειλητικά χαρακτηριστικά της: σύγχυση, αδυναμία πνευματικής συγκέντρωσης και κενά μνήμης. Σ' ένα επόμενο στάδιο, ολόκληρο το μυαλό μου θα γινόταν υποχείριο άναρχων και ανακόλουθων σκέψεων· όπως είπα προηγουμένως, υπήρχε πλέον κάτι που έμοιαζε με διχασμό της διάθεσης: μια κάποια διαύγεια κατά τις πρώτες ώρες της ημέρας, αυξανόμενη μαυρίλα και παραζάλη το απόγευμα και το βράδυ. Θα πρέπει να κανόνισα τη συνάντηση με τη Φρανσουάζ Γκαλλιμάρ, κατά τη διάρκεια της σκοτεινής πνευματικής σύγχυσης της προηγούμενης νύχτας, λησμονώντας τις υποχρεώσεις μου απέναντι στην ντελ Ντούκα. Η απόφασή μου εξακολουθούσε να εξουσιάζει τη σκέψη μου, εγκλωβίζοντάς με σε μια πεισματική στάση και οδηγώντας με στο να προσβάλω ασυλλόγιστα την αξιοπρεπή Σιμόν ντελ Ντούκα. «Alors!» αναφώνησε κοκκινίζοντας από θυμό, και με μια απότομη όλο μεγαλοπρέπεια μεταβολή, «au revoir!» Ξάφνου, έμεινα ενεός, παγώνοντας από φρίκη για τη στάση μου. Είδα νοερά το τραπέζι όπου κάθονταν η οικοδέσποινα και τα μέλη της Γαλλικής Ακαδημίας, ενώ το τιμώμενο πρόσωπο βρισκόταν στην Coupole. Ικέτεψα τη γραμματέα της κυρίας, μια γυναίκα με γυαλιά, με πρόσωπο σταχτί και ύφος προσβεβλημένο, η οποία κρατούσε ένα σημειωματάριο, να προσπαθήσει να διορθώσει την κατάσταση: επρόκειτο για ένα τρομερό λάθος, ένα μπέρδεμα, μια malentendu. Και τότε ξεστόμισα τα λόγια τα οποία, έχοντας ζήσει ως τότε ζωή ισορροπημένη και πιστεύοντας αυτάρεσκα στο ακλόνητο της ψυχικής μου υγείας, μου φαινόταν αδιανόητο πως θα μπορούσα να τα προφέρω· ανατρίχιασα όταν άκουσα τη φωνή μου να τα ξεφουρνίζει μπροστά σ' αυτή την εντελώς άγνωστη γυναίκα. «Είμαι άρρωστος», είπα, «un problème psychiatrique».*

---

* «Ένα πρόβλημα ψυχιατρικής φύσεως».

Η κυρία ντελ Ντούκα δέχτηκε μεγαλόψυχα τις εξηγήσεις μου και το γεύμα κύλησε δίχως περαιτέρω επεισόδια, αν και, όσο κουβεντιάζαμε, κάπως σφιγμένοι, δεν κατόρθωσα να απαλλαγώ πλήρως από την υποψία ότι η ευεργέτριά μου αισθανόταν ακόμα ενοχλημένη εξαιτίας της διαγωγής μου και με θεωρούσε φαιδρό πρόσωπο. Το γεύμα τράβηξε σε μάκρος κι όταν τελείωσε, ένιωσα να με κυριεύει το απογευματινό ζοφερό άγχος και ο τρόμος. Το τηλεοπτικό συνεργείο ενός εθνικού σταθμού με περίμενε (κάτι που επίσης είχα ξεχάσει) προκειμένου να μεταβούμε στο καινούργιο Μουσείο Πικάσσο, όπου θα με κινηματογραφούσαν όσο θα παρατηρούσα τα εκθέματα ανταλλάσσοντας σχόλια με τη Ρόουζ. Όπως το περίμενα, για μένα δεν ήταν σεργιάνι συναρπαστικό αλλά αγώνας εξαντλητικός, δοκιμασία επίπονη. Όταν φτάσαμε στο μουσείο, αφού μπλέξαμε σε μποτιλιαρισμένους δρόμους, ήταν περασμένες τέσσερις και ο εγκέφαλός μου άρχιζε να υφίσταται τα γνώριμα βασανιστικά συμπτώματα: αίσθημα πανικού και αποπροσανατολισμού, και την αίσθηση ότι οι νοητικές λειτουργίες μου κατακλύζονταν από μια καταστροφική και απερίγραπτη πλημμυρίδα, εξολοθρεύτρια κάθε ευχαρίστησης της ζωής. Για να το πω πιο αναλυτικά, αντί για ευχαρίστηση –αντί για την αναμφίβολη απόλαυση που θα έπρεπε να νιώσω μπροστά στα πλούσια εκθέματα ενός λαμπρού πνεύματος– εγώ υπέφερα από ένα αίσθημα συγγενικό, και ταυτοχρόνως ακαθόριστα διαφορετικό, προς το σωματικό άλγος. Αυτό με ωθεί να αναφερθώ εκ νέου στον απροσδιόριστο χαρακτήρα της νόσου. Δεν είναι τυχαία η επαναφορά του επιθέτου «απροσδιόριστος», αφού οφείλω να τονίσω πως, αν η περιγραφή του πόνου ήταν εύκολη, οι περισσότεροι από τους πάμπολλους πάσχοντες από τούτη την πανάρχαια αρρώστια θα κατόρθωναν να περιγράψουν με σαφήνεια στους φίλους και τους οικείους τους (ακόμα και στον γιατρό τους) ορισμένες από τις πραγματικές διαστάσεις του μαρτυρίου τους, και να αποσπάσουν ενδεχομένως την, εν γένει ανύπαρκτη, κατανόηση των άλλων· αυτή η αδυναμία κατανόησης συνήθως δεν οφείλεται σε έλλειψη οίκτου, αλλά στη βασική ανικανότητα των υγιών ατόμων να συλλάβουν μια μορφή βασανιστήριου τόσο ξένη προς την καθημερινή τους εμπειρία. Για μένα προσωπικά, ο πόνος θυμίζει έντονα το αίσθημα του πνιγμού ή της ασφυξίας – αλλά ακόμα κι αυτές οι εικόνες απέχουν πολύ από την αλήθεια. Ο Ουίλλιαμ Τζέημς, ο οποίος πάλευε χρόνια με την κατάθλιψη, εγκατέλειψε την προσπάθεια ανεύρεσης επαρκούς περιγραφής, αφήνοντας να εννοηθεί ότι είναι σχεδόν αδύνατη, όπως έγραψε στο *The Varieties of Religious Experience:* «Πρόκειται για άγχος θετικό και διεγερτικό, ένα είδος σωματικής νευραλγίας εντελώς άγνωστο στη φυσιολογική ζωή».

Ο πόνος συνεχιζόταν όλη την ώρα της περιπλάνησής μου στο μουσείο και κορυφώθηκε μες στις επόμενες ώρες, όταν επιστρέφοντας στο ξενοδοχείο έπεσα στο κρεβάτι κι έμεινα ξαπλωμένος με το βλέμμα προσηλωμένο στην οροφή, σχεδόν παράλυτος, σε κατάσταση ημικαταληψίας, βυθισμένος σε ένα αίσθημα υπέρτατης μελαγχολίας. Συνήθως κάτι τέτοιες στιγμές ήταν αδύνατον να σκεφτώ λογικά, εξ ου και ο χαρακτηρισμός «ημικαταληψία». Δεν μπορώ να σκεφτώ καταλληλότερη λέξη για μια κατάσταση που θυμίζει λήθαργο, κατά τη διάρκεια του οποίου τη θέση της συνείδησης καταλαμβάνει το «θετικό και διεγερτικό άγχος». Και μια από τις πιο αβάσταχτες παραμέτρους ενός τέτοιου ιντερλούδιου ήταν η αϋπνία. Όπως πολλοί άνθρωποι, σ' όλη μου τη ζωή είχα αποκτήσει τη συνήθεια να παίρνω έναν καταπραϋντικό απογευματινό υπνάκο, αλλά η διαταραχή των φυσιολογικών ρυθμών του ύπνου είναι ένα πασίγνωστο εξουθενωτικό χαρακτηριστικό γνώρισμα της κατάθλιψης· στην επιζήμια και τυραννική έλλειψη ύπνου τις νύχτες προστέθηκε το πλήγμα της απογευματινής αϋπνίας, η οποία ήταν συγκριτικά επουσιώδης μεν, αλλά φαινόταν πιο τρομερή, επειδή συνέπιπτε με τις ώρες της πιο έντονης δυστυχίας. Ήταν σαφές ότι δεν θα έβρισκα ούτε ολιγόλεπτη ανακούφιση μέσα στη διαρκή εξουθένωσή μου. Όπως ήμουν εκεί ξαπλωμένος, με τη Ρόουζ να διαβάζει στο πλευρό μου, θυμάμαι καθαρά ότι σκεφτόμουν πως τα απογεύματα και τα βράδια μου πήγαιναν απ' το κακό στο χειρότερο, με τρόπο σχεδόν προσδιορίσιμο, και πως τούτο το επεισόδιο ήταν το χειρότερο μέχρι τότε. Πάντως, κατόρθωσα με κάποιον τρόπο να σταθώ στα πόδια μου, για να δειπνήσω με –ποιαν άλλη;– τη Φρανσουάζ Γκαλλιμάρ, θύμα κι αυτή, όπως η Σιμόν ντελ Ντούκα, της εφιαλτικής μεσημεριανής αναποδιάς. Ήταν μια κρύα, βροχερή νύχτα κι ο άνεμος λυσσομανούσε στις μεγάλες λεωφόρους· την ώρα που εγώ κι η Ρόουζ συναντήσαμε τη Φρανσουάζ με τον γιο της κι ένα φιλικό πρόσωπο στο La Lorraine, ένα κατάφωτο εστιατόριο κοντά στο Ετουάλ, έβρεχε καταρρακτωδώς. Κάποιος απ' τη συντροφιά, διαισθανόμενος τη βαριά διάθεσή μου, ζήτησε συγγνώμη για τον άσχημο καιρό, αλλά εγώ σκεφτόμουν –θυμάμαι– ότι θα αντιδρούσα σαν ζόμπι, ακόμα κι αν ήταν μια από τις φημισμένες, ζεστές και μυρωμένες ρομαντικές παρισινές νύχτες. Ο καιρός της κατάθλιψης δεν παρουσιάζει διακυμάνσεις, το φως της είναι πάντα μουντό.

Και συμπεριφερόμενος ως ζόμπι, στα μισά του δείπνου, έχασα την επιταγή του Βραβείου ντελ Ντούκα με τα είκοσι πέντε χιλιάδες δολάρια. Την είχα παραχώσει στην εσωτερική τσέπη του σακακιού μου, και φέρνοντας μηχανικά το χέρι στο σημείο αυτό διαπίστωσα πως το τσεκ είχε κάνει φτερά. Μήπως έχασα «ηθελημένα» τα χρήματα; Το τελευταίο διάστημα με απασχολούσε σοβαρά η ιδέα ότι δεν μου άξιζε η τιμητική διάκριση. Πιστεύω στα ατυχήματα που προκαλούμε υποσυνείδητα οι ίδιοι στον εαυτό μας· εύκολα, λοιπόν, αυτή η απώλεια μπορεί να μην ήταν απώλεια, αλλά μια μορφή αποκήρυξης, καρπός των απαξιωτικών συναισθημάτων που έτρεφα για τον εαυτό μου (το πρώτο χαρακτηριστικό σύμπτωμα της κατάθλιψης), τα οποία με είχαν πείσει ότι δεν μου άξιζε το βραβείο, ότι δεν μου άξιζε καμιά διάκριση απ' όσες βρέθηκαν στο διάβα μου τα τελευταία χρόνια. Ανεξαρτήτως της αιτίας της εξαφάνισής της, η επιταγή χάθηκε, και η απώλειά της εναρμονιζόταν με το αποτυχημένο κλίμα του δείπνου: την αδυναμία μου να τιμήσω το τεράστιο plateau de fruits de mer* που ακούμπησαν

* Δίσκος με ποικιλία θαλασσινών. (Σ.τ.Μ.)

μπροστά μου, την ανικανότητά μου να γελώ, έστω και βεβιασμένα, και τέλος, την απόλυτη, ουσιαστικά, βουβαμάρα μου. Εκείνη την ώρα πλέον, η ισχυρή *εσωστρέφεια*, αποτέλεσμα του ψυχικού άλγους, μου προκάλεσε ανυπέρβλητο αντιπερισπασμό και με εμπόδισε να αρθρώσω άλλη λέξη πέρα από έναν βραχνό ψίθυρο· ένιωσα ότι αλληθώριζα, ότι απαντούσα με μονοσύλλαβα και αντιλήφθηκα ότι οι γάλλοι φίλοι μου αισθάνθηκαν αμηχανία απέναντι στη δυσχέρειά μου. Η βραδιά θύμιζε πλέον σκηνή από κακή οπερέτα: είχαμε σκύψει όλοι στο πάτωμα και ψάχναμε τα χαμένα χρήματα. Τη στιγμή που έλεγα πως ήταν ώρα να πηγαίνουμε, ο γιος της Φρανσουάζ ανακάλυψε την επιταγή, η οποία είχε γλιστρήσει χωρίς να το καταλάβω από την τσέπη μου καταλήγοντας κάτω από ένα παρακείμενο τραπέζι, και βγήκαμε έξω στη βροχερή νύχτα. Στο αυτοκίνητο που με μετέφερε στο ξενοδοχείο συλλογιζόμουν τον Αλμπέρ Καμύ και τον Ρομαίν Γκαρύ.

II

ΣΤΙΣ ΑΡΧΕΣ ακόμα της συγγραφικής μου σταδιοδρομίας, πέρασα μια περίοδο κατά την οποία ο Αλμπέρ Καμύ, περισσότερο από κάθε άλλη σύγχρονη μορφή της λογοτεχνίας, επηρέασε ριζοσπαστικά τις απόψεις μου για τη ζωή και την ιστορία. Διάβασα το μυθιστόρημά του *Ο ξένος* κάπως καθυστερημένα -διήνυα τότε την τρίτη δεκαετία της ζωής μου–, αλλά όταν το τελείωσα, ένιωσα τη σουβλιά της αναγνώρισης που προκαλεί η ανάγνωση του έργου ενός συγγραφέα ο οποίος συνδυάζει το πάθος για τις ηθικές αξίες με την αριστουργηματική γραφή και του οποίου η απαρασάλευτη οξυδέρκεια έχει τη δύναμη να μας τρομάξει ως τα τρίσβαθα της ψυχής. Η απέραντη μοναξιά του Μερσώ, του ήρωα του μυθιστορήματος, στοίχειωσε μέσα μου, κι όταν καταπιάστηκα με τη συγγραφή του *The Confessions of Nat Turner*, μπήκα στον πειρασμό να μεταχειριστώ το τέχνασμα του Καμύ και να διηγηθώ την ιστορία από την οπτική γωνία ενός κατάδικου αφηγητή, λίγο πριν από την εκτέλεσή του. Διέκρινα μια ψυχική συνάφεια ανάμεσα στην παγερή μοναξιά του Μερσώ και στην ολέθρια μοίρα του Νατ Τέρνερ –του επαναστάτη που προηγήθηκε του Μερσώ κατά μια εκατονταετία– ο οποίος, ομοίως, καταδικάστηκε και εγκαταλήφθηκε από τους ανθρώπους και από τον Θεό. Το δοκίμιο του Καμύ *Réflexions sur la peine capitale* είναι ουσιαστικά μια μοναδική στο είδος της μαρτυρία, που διέπεται από μια αδυσώπητη, πυρετώδη λογική· φανταζόμαστε πως ακόμα κι ένας φανατικός υπέρμαχος της θανατικής ποινής δύσκολα θα επέμενε στις απόψεις του, αν ερχόταν σε επαφή με αλήθειες τόσο καυστικές, διατυπωμένες με πάθος και ακρίβεια. Ξέρω ότι η δική μου σκέψη άλλαξε για πάντα, έπειτα από την ανάγνωση αυτού του έργου, το οποίο όχι μόνο ανέτρεψε πλήρως τις ιδέες μου, πείθοντάς με για τη θεμελιώδη βαρβαρότητα της θανατικής ποινής, αλλά και επέβαλε στη συνείδησή μου πρωταρχικές θέσεις σχετικά με το ζήτημα της ευθύνης γενικότερα. Ο Καμύ συνέβαλε στον εξαγνισμό του πνεύματός μου απαλλάσσοντάς με από αναρίθμητες υποτονικές ιδέες, ενώ, μέσα από τον πιο αγωνιώδη πεσιμισμό που γνώρισα ποτέ, αφύπνισε το ενδιαφέρον μου σε ό,τι αφορά την αινιγματική υπόσχεση της ζωής.

Η μόνιμη απογοήτευσή μου επειδή δεν συνάντησα ποτέ τον Καμύ βάθυνε από το γεγονός ότι έφτασα τόσο κοντά στην πραγματοποίηση της επιθυμίας μου. Σχεδίαζα να τον συναντήσω το 1960, σ' ένα ταξίδι μου στη Γαλλία· ο συγγραφέας Ρομαίν Γκαρύ μου έγραψε πως θα οργάνωνε δείπνο στο Παρίσι, για να γνωρίσω τον Καμύ. Ο βαθιά προικισμένος συγγραφέας Γκαρύ, που τότε ακόμα γνώριζα αμυδρά και που επρόκειτο αργότερα να γίνει αγαπημένος φίλος, με πληροφόρησε ότι ο Καμύ, τον οποίον έβλεπε τακτικά, διάβασε το έργο μου *Un lit de ténèbres* και το εκτίμησε· εγώ κολακεύτηκα αφάνταστα, εννοείται, και σκέφτηκα πως θα ήταν καταπληκτικό να τον συναντήσω. Όμως πριν ακόμα πατήσω το πόδι μου στη Γαλλία, έφτασε η αποτρόπαια είδηση: ο Καμύ σκοτώθηκε σε αυτοκινητιστικό δυστύχημα σε οδυνηρά νεαρή ηλικία, στα σαράντα έξι του χρόνια. Δεν είχα βιώσει άλλη φορά τόσο έντονα την απώλεια ενός ανθρώπου τον οποίο δεν γνώριζα. Σκεφτόμουν αδιάκοπα το θάνατό του. Παρ' ότι δεν οδηγούσε ο ίδιος, υποτίθεται πως γνώριζε ότι ο οδηγός, ο γιος του εκδότη του, ήταν λάτρης της ταχύτητας· επομένως υπάρχει στο δυστύχημα ένα στοιχείο αποκοτιάς που είχε κάτι από τη γεύση της αυτοκτονίας, θύμιζε, έστω, ερωτοτροπία με το θάνατο, οπότε αναπόφευκτα οι σχετικές με το δυστύχημα εικασίες συνδέονταν με το θέμα της αυτοκτονίας στο έργο του συγγραφέα. Μια ομολογία πίστης, από τις πιο ονομαστές του αιώνα, παρουσιάζεται στην αρχή του *Μύθου του Σίσυφου*: «Υπάρχει ένα μόνο αληθινά σοβαρό φιλοσοφικό πρόβλημα, η αυτοκτονία. Τη στιγμή που αποφασίζεις πως η ζωή αξίζει ή δεν αξίζει τον κόπο να τη ζήσεις, απαντάς στο βασικό πρόβλημα της φιλοσοφίας». Όταν το διάβασα για πρώτη φορά μπερδεύτηκα και η σύγχυσή μου συνεχίστηκε κατά το μεγαλύτερο μέρος του δοκιμίου, καθόσον, παρά την πειστική λογική και την ενάργεια του κειμένου, μου διέφευγαν ένα σωρό πράγματα, και επανερχόμουν στην αρχική υπόθεση, πασχίζοντας αδίκως να καταλάβω, ανίκανος να δεχτώ το συλλογισμό ότι είναι δυνατόν ο άνθρωπος να φτάσει στο σημείο να επιθυμεί να δώσει τέλος στη ζωή του. Ο θαυμασμός μου για το μεταγενέστερο σύντομο μυθιστόρημα *Η πτώση* ήταν πιο συγκρατημένος· η ενοχή και η αυτοκαταδίκη του δικηγόρου αφηγητή, που αναπτύσσει τον πένθιμο μονόλογό του σ' ένα μπαρ του Άμστερνταμ, μου φάνηκαν ελαφρώς ακραίες και υπερβολικές, αλλά την εποχή που το διάβαζα δεν ήμουν σε θέση να αντιληφθώ πως ο δικηγόρος συμπεριφερόταν σαν άνθρωπος τυραννισμένος από κατάθλιψη. Τόσο ανίδεος ήμουν ακόμα και για την ίδια την ύπαρξη της νόσου.

Κατά καιρούς, όπως μου έλεγε ο Ρομαίν, ο Καμύ άφηνε να διαφανεί η βαθιά του απελπισία και μιλούσε για αυτοκτονία. Μερικές φορές αστειευόταν, αλλά το καλαμπούρι του είχε τη γεύση του ξινισμένου κρασιού, και ο Ρομαίν ταραζόταν. Εντούτοις, δεν φαινόταν να έχει αποπειραθεί να τερματίσει τη ζωή του, επομένως ίσως να μην ήταν συμπτωματικό το γεγονός ότι, παρά τον κυρίαρχο μελαγχολικό του τόνο, στον πυρήνα του *Μύθου του Σίσυφου*, με το αυστηρό του μήνυμα συναντάμε μια αίσθηση θριάμβου της ζωής πάνω στο θάνατο: παρά την απουσία της ελπίδας, εμείς οφείλουμε να αγωνιζόμαστε για να επιβιώσουμε, κι αυτό κάνουμε – με νύχια και με δόντια. Πέρασαν αρκετά χρόνια ώσπου να αρχίσω να πιστεύω ότι οι απόψεις του Καμύ περί αυτοκτονίας και η γενικότερη ενασχόλησή του με το ζήτημα πήγαζαν, ενδεχομένως, αφ' ενός από κάποια χρόνια ψυχική διαταραχή, αφ' ετέρου από το ενδιαφέρον του για την ηθική και την επιστημολογία. Ο Γκαρύ αναφέρθηκε ενδελεχώς στις εικασίες του σχετικά με την κατάθλιψη του Καμύ, τον Αύγουστο του 1978, όταν τον φιλοξενούσα στο Κονέτικατ, στο σπιτάκι των ξένων όπου κατέλυαν συνήθως οι φίλοι μου· τον επισκέφτηκα ένα σαββατοκύριακο από τη θερινή μου κατοικία στο Μάρθα's Βάινγιαρντ. Όπως κουβεντιάζαμε, κατάλαβα ότι ορισμένες εικασίες του Ρομαίν για τη σοβαρότητα των συχνών περιόδων βαθιάς απελπισίας που περνούσε ο Καμύ ενισχύονταν από το γεγονός ότι είχε αρχίσει κι αυτός ο ίδιος να υποφέρει από κατάθλιψη, πράγμα που παραδέχτηκε απροκάλυπτα. Δεν τον αποδυνάμωνε, καθώς υποστήριζε, και την ήλεγχε, αλλά από καιρού εις καιρόν τον κυρίευε αυτή η βαριά και φαρμακερή διάθεση που είχε χρώμα χαλκοπράσινο, τόσο παράταιρο εν μέσω του οργιαστικού θέρους της Νέας Αγγλίας. Ως Ρωσοεβραίος γεννημένος στη Λιθουανία, ο Ρομαίν διατηρούσε μονίμως κάτι από τη μελαγχολία της Ανατολικής Ευρώπης και, ως εκ τούτου, η αλλαγή δεν γινόταν αντιληπτή. Παραταύτα, υπέφερε. Έλεγε πως ήταν σε θέση να διακρίνει το τρεμουλιαστό φέγγος της απελπισίας που του περιέγραψε ο Καμύ.

Την κατάσταση του Γκαρύ δεν ελάφραινε η παρουσία της τέως συζύγου του, Τζιν Σίμπεργκ, της γεννημένης στην Αϊόβα ηθοποιού, με την οποία νόμιζα ότι είχαν αποξενωθεί προ πολλού. Πληροφορήθηκα ότι η Τζιν βρισκόταν εκεί λόγω του γιου τους, Ντιέγκο, ο οποίος παραθέριζε σε μια γειτονική κατασκήνωση για τένις. Γνωρίζοντας για τον υποτιθέμενο χωρισμό τους εξεπλάγην όταν διαπίστωσα ότι έμενε με τον Ρομαίν· το ίδιο με ξάφνιασε –ή πιο σωστά, με ενόχλησε και με στενοχώρησε– η όψη της: η αλλοτινή εύθραυστη κι ολοφώτιστη ξανθή ομορφιά της είχε κρυφτεί πίσω από ένα πρησμένο προσωπείο. Περπατούσε σαν υπνοβάτης, μιλούσε ελάχιστα και είχε το άδειο βλέμμα του ανθρώπου που βρίσκεται υπό την επήρεια ηρεμιστικών (ή ναρκωτικών ή και των δύο) σχεδόν σε σημείο καταληψίας. Διαπίστωσα ότι ήταν ακόμα αφοσιωμένοι ο ένας στον άλλον και με συγκίνησε το τρυφερό και πατρικό ενδιαφέρον του απέναντί της. Ο Ρομαίν μου αποκάλυψε ότι η Τζιν υπόκειτο σε θεραπεία για την αντιμετώπιση της ψυχικής διαταραχής από την οποία υπέφερε και ο ίδιος, και ανέφερε κάτι σχετικά με αντικαταθλιπτικά φάρμακα, όμως δεν έδωσα μεγάλη προσοχή, κι άλλωστε όλα αυτά δεν είχαν νόημα για μένα. Η ανάμνηση της σχετικής αδιαφορίας μου είναι σημαντική, διότι καταδεικνύει την ανικανότητα ενός ανθρώπου ξένου προς το πρόβλημα να συλλάβει την ουσία της ασθένειας. Η κατάθλιψη του Καμύ και τώρα του Ρομαίν Γκαρύ –και της Τζιν, φυσικά– ήταν για μένα, παρ' όλη τη συμπόνια μου, μια αδιαθεσία εντελώς αφηρημένη, και δεν είχα την παραμικρή ιδέα για το αληθινό πλαίσιο και για τη φύση της οδύνης που βιώνει ένας τόσο μεγάλος αριθμός πασχόντων, ενόσω εξακολουθεί η ύπουλη κατάρρευση του πνεύματος.

Εκείνο τον Οκτώβριο, στο Παρίσι, κατάλαβα ότι βρισκόμουν κι εγώ στα πρόθυρα της κατάρρευσης. Στο αμάξι, καθ' οδόν προς το ξενοδοχείο, μου αποκαλύφθηκε καθαρά η αλήθεια. Η διαταραχή του κιρκαδικού κύκλου –η μεταβολική διαταραχή των ενδοκρινών αδένων, των ρυθμιστών της καθημερινής μας ζωής– ενοχοποιείται για πολλές, αν όχι για τις περισσότερες, περιπτώσεις κατάθλιψης· γι' αυτό παρουσιάζονται τόσο συχνά κρούσματα βασανιστικής αϋπνίας, και για τον ίδιο κατά πάσα πιθανότητα λόγο επαναλαμβάνεται καθημερινά το φαινόμενο της προβλέψιμης εναλλαγής περιόδων παροξυσμού και υποχώρησης της οδύνης. Η βραδινή ανακούφιση –μια μισερή αλλά αισθητή ανάπαυλα, όπως το πέρασμα από τη δυνατή νεροποντή στο ψιλόβροχο– ερχόταν λίγο μετά την ώρα του δείπνου και πριν από τα μεσάνυχτα, οπότε το ψυχικό άλγος υποχωρούσε κάπως και το πνεύμα μου ξανάβρισκε μια σχετική διαύγεια, κατορθώνοντας να ξεφύγει από το άμεσο πρόβλημα που τάραζε τον οργανισμό μου και να σκεφτεί άλλα πράγματα. Όπως είναι φυσικό, περίμενα με ανυπομονησία αυτή τη στιγμή, αφού ορισμένες φορές έφτανα πολύ κοντά στο σημείο να αισθάνομαι πνευματικά υγιής, κι εκείνη τη νύχτα στο αμάξι αντιλήφθηκα ότι ανακτούσα μια φαινομενική πνευματική διαύγεια, καθώς επίσης και την ικανότητα να σκεφτώ λογικά. Εντούτοις, ενώ κατόρθωσα να ανακαλέσω στη μνήμη τον Καμύ και τον Ρομαίν Γκαρύ, ανακάλυψα ότι οι αμέσως επόμενες σκέψεις δεν ήταν ιδιαίτερα ενθαρρυντικές.

Η θύμηση της Τζιν Σίμπεργκ με γέμισε θλίψη. Έναν περίπου χρόνο μετά τη συνάντησή μας στο Κονέτικατ βρέθηκε νεκρή από υπερβολική δόση χαπιών, μέσα στο αμάξι της, σε αδιέξοδο στενό μιας παρισινής λεωφόρου, όπου το πτώμα της είχε μείνει για πολλές μέρες. Την επόμενη χρονιά, κατά τη διάρκεια ενός παρατεταμένου γεύματος στην Brasserie Lipp, ο Ρομαίν μου εκμυστηρεύτηκε πως, παρά τις δυσκολίες της συνύπαρξής τους, η απώλεια της Τζιν επιδείνωσε την κατάθλιψή του σε τέτοιο βαθμό ώστε κάθε τόσο κατάντούσε ανίκανος να κάνει οτιδήποτε. Όμως εγώ, ακόμα και τότε, αδυνατούσα να κατανοήσω αυτό το είδος απελπισίας. Θυμάμαι ότι έτρεμαν τα χέρια του και, μολονότι δεν θα μπορούσα να τον χαρακτηρίσω υπέργηρο –ήταν γύρω στα εξήντα πέντε–, η φωνή του είχε το χαρακτηριστικό λαχάνιασμα των έσχατων γηρατειών, το οποίο, όπως τώρα αντιλαμβάνομαι, ήταν ή θα μπορούσε να ήταν, η φωνή της κατάθλιψης· όταν παρασύρθηκα από τη δίνη της δικής μου βαριάς οδύνης, απέκτησα κι εγώ ανάλογη γέρικη φωνή. Έκτοτε δεν ξαναείδα τον Ρομαίν. Ο Κλωντ Γκαλλιμάρ, ο πατέρας της Φρανσουάζ, μου διηγήθηκε ότι το 1980, λίγες μόνο ώρες ύστερα από ένα δείπνο τους, όπου οι δυο παλιοί φίλοι συζήτησαν συγκροτημένα και ανέμελα, με εύθυμη σχεδόν διάθεση, οπωσδήποτε σε κλίμα διόλου μελαγχολικό, ο Ρομαίν Γκαρύ –τιμημένος δύο φορές με το Βραβείο Γκονκούρ (τη μια φορά με ψευδώνυμο, αφού εξαπάτησε χάριν αστεϊσμού τους κριτικούς), ήρωας της Δημοκρατίας, παρασημοφορημένος με τον Πολεμικό Σταυρό για την ανδρεία του, διπλωμάτης, γλεντζές, μέγας καρδιοκατακτητής– επέστρεψε στο διαμέρισμά του στην οδό Ντυ Μπακ και φύτεψε μια σφαίρα στο κεφάλι του.

Αυτά συλλογιζόμουν, όταν κάποια στιγμή πρόβαλε στο οπτικό μου πεδίο η ταμπέλα HÔTEL WASHINGTON, ξυπνώντας μέσα μου την παλιά ανάμνηση της άφιξής μου στην πόλη, ενώ ταυτοχρόνως συνειδητοποιούσα απότομα, εντελώς απρόσμενα, ότι δεν θα ξανάβλεπα το Παρίσι. Αυτή η βεβαιότητα με αιφνιδίασε και γέννησε μέσα μου νέο τρόμο, γιατί παρ' ότι η σκέψη του θανάτου με απασχολούσε συχνά κατά τη διάρκεια των κρίσεών μου, μαστιγώνοντας το μυαλό μου σαν παγωμένες ριπές ανέμου, είχε την ακαθόριστη μορφή του ολέθρου που στοιχειώνει, όπως φαντάζομαι, τα όνειρα των βαριά άρρωστων. Η διαφορά έγκειτο τώρα στη βεβαιότητα ότι αύριο, όταν ο πόνος θα επανερχόταν, ή μεθαύριο –αναμφίβολα σ' ένα όχι πολύ μακρινό μέλλον– θα υποχρεωνόμουν να σκεφτώ πως δεν αξίζει να ζει κανείς αυτή τη ζωή και, κατά συνέπεια, να απαντήσω, από την πλευρά μου τουλάχιστον, στο θεμελιώδες ερώτημα της φιλοσοφίας.

III

ΓΙΑ ΠΟΛΛΟΥΣ ΑΠΟ ΕΜΑΣ που γνωρίζαμε έστω και αμυδρά τον Άμπι Χόφμαν, ο θάνατός του, την άνοιξη του 1989, αποτέλεσε θλιβερό γεγονός. Είχε μόλις περάσει τα πενήντα, ήταν πολύ νέος και έδειχνε υπερβολικά ζωντανός άνθρωπος για να έχει τέτοια κατάληξη· η είδηση σχεδόν κάθε αυτοκτονίας προκαλεί αισθήματα θλίψης και αποτροπιασμού, και ο θάνατος του Άμπι μου φάνηκε ιδιαίτερα σκληρός. Τον συνάντησα για πρώτη φορά εκείνες τις άγριες μέρες και νύχτες του Συνέδριου των Δημοκρατικών στο Σικάγο το 1968, όταν είχα βρεθεί εκεί για να γράψω άρθρο στο *The New York Review of Books*, ενώ αργότερα ήμουν μεταξύ των μαρτύρων υπεράσπισης του ίδιου και των συγκατηγορουμένων του στη δίκη τους, και πάλι στο Σικάγο, το 1970. Στο περιβάλλον της υποκριτικής ευσέβειας και της αισχρής διαφθοράς της αμερικανικής ζωής, οι αλλόκοτοι τρόποι του ήταν αναζωογονητικοί, και ήταν δύσκολο να μη θαυμάσει κανείς την απείθαρχη, φασαριόζικη παρουσία και τη ζωντάνια, τον αναρχικό ατομικισμό του. Μακάρι να τον είχα συναντήσει περισσότερες φορές τα τελευταία χρόνια· ο αιφνίδιος θάνατός του μου άφησε ένα πολύ ιδιαίτερο κενό, όπως συμβαίνει συνήθως σε όλους μας, όταν πληροφορούμαστε μια αυτοκτονία. Όμως το γεγονός έλαβε ακόμα πιο σπαρακτική διάσταση, εξαιτίας αυτού που οφείλουμε να ερμηνεύσουμε ως προβλέψιμη αντίδραση από την πλευρά των πολλών: πρόκειται για την άρνηση της ίδιας της αυτοκτονίας, θαρρείς και η ηθελημένη πράξη –σε αντίθεση με το ατύχημα ή το θάνατο από φυσικά αίτια– στιγματιζόταν από ένα παράπτωμα που, κατά μία έννοια, μείωνε τον άνθρωπο και την υπόληψή του.

Ο αδελφός του Άμπι εμφανίστηκε στην Τηλεόραση, βαθιά ταραγμένος και συντετριμμένος από θλίψη· δεν ήταν δυνατόν να μην τον συμπονέσεις όσο πάσχιζε να απορρίψει την ιδέα της αυτοχειρίας, επιμένοντας ότι, στο κάτω κάτω της γραφής, ο Άμπι υπήρξε πάντα απρόσεκτος με τα χάπια και ότι δεν θα βύθιζε ποτέ την οικογένειά του στο πένθος. Μολαταύτα, ο ιατροδικαστής επιβεβαίωσε πως ο Χόφμαν είχε πάρει χάπια που ισοδυναμούσαν με 150 βαρβιτουρικά.

Είναι απολύτως φυσικό το γεγονός ότι το στενό περιβάλλον ενός αυτόχειρα σπεύδει, συχνότατα, να αποκηρύξει την αλήθεια με πάθος· αναπόφευκτα ίσως, οι οικείοι διακατέχονται από αισθήματα ευθύνης και ενοχής – σκέφτονται ότι θα απέτρεπαν το γεγονός, αν είχαν λάβει ορισμένες προφυλάξεις, αν κρατούσαν διαφορετική στάση. Ακόμα κι έτσι, λόγω της άρνησης των άλλων, το θύμα –είτε αυτοκτόνησε είτε αποπειράθηκε να αυτοκτονήσει είτε απείλησε απλώς– συχνά παρουσιάζεται αδίκως ως ένοχος αδικοπραξίας.

Ανάλογη είναι η περίπτωση του Ράνταλ Τζάρρελ –ενός από τους πιο έξοχους ποιητές και κριτικούς της γενιάς του– ο οποίος μια νύχτα, στα 1965, κοντά στο Τσάπελ Χιλ της Βόρειας Καλιφόρνιας, χτυπήθηκε θανάσιμα από αυτοκίνητο. Η παρουσία του Τζάρρελ στο συγκεκριμένο σημείο του δρόμου, μια ασυνήθιστη βραδινή ώρα, προκάλεσε ερωτηματικά, και καθώς υπήρχαν ενδείξεις ότι επεδίωξε να τον χτυπήσει το αυτοκίνητο, το πρώτο πόρισμα έλεγε πως ο θάνατός του ήταν αποτέλεσμα αυτοκτονίας. Αυτή την εκδοχή πρόβαλε το *Newsweek*, όπως και άλλα περιοδικά, αλλά η χήρα του Τζάρρελ διαμαρτυρήθηκε με επιστολή της προς το περιοδικό· πολλοί φίλοι και θαυμαστές του δυσανασχέτησαν, και μια ιατροδικαστική επιτροπή κατέληξε εντέλει στο συμπέρασμα ότι ο θάνατος προήλθε από ατύχημα. Ο Τζάρρελ έπασχε από βαρύτατης μορφής κατάθλιψη και είχε νοσηλευτεί σε νοσοκομείο· λίγους μόνο μήνες πριν από το ατύχημα στον αυτοκινητόδρομο, ενόσω νοσηλευόταν στο νοσοκομείο, είχε κόψει τις φλέβες του.

Οποιοσδήποτε γνωρίζει ορισμένες από τις χαώδεις παραμέτρους της ζωής του Τζάρρελ –συμπεριλαμβανομένων των βίαιων διακυμάνσεων της διάθεσής του, των κρίσεων βαθύτατης απελπισίας– και διαθέτει, επιπροσθέτως, ορισμένες βασικές γνώσεις σχετικά με τα σήματα κινδύνου που εκπέμπει ο καταθλιπτικός, θα αμφισβητούσε σοβαρά την απόφαση της επιτροπής. Όμως το στίγμα της αυτοχειρίας αποτελεί για ορισμένους ανθρώπους μελανό σημείο, απεχθές, το οποίο επιδιώκουν να εξαλείψουν με κάθε τίμημα. (Περισσότερο από δυο δεκαετίες μετά το θάνατό του, στο τεύχος του καλοκαιριού του 1986 του *The American Scholar*, ένας παλιός φοιτητής του Τζάρρελ, σε επισκόπηση μιας συλλογής επιστολών του ποιητή, δεν ασχολήθηκε τόσο με την αποτίμηση της λογοτεχνικής ή βιογραφικής αξίας τους, αλλά εκμεταλεύτηκε την ευκαιρία για να συνεχίσει την προσπάθεια εξορκισμού του ουτιδανού φαντάσματος της αυτοκτονίας).

Είναι σχεδόν βέβαιο πως ο Ράνταλ Τζάρρελ

αυτοκτόνησε. Δεν το έκανε από δειλία ούτε από ηθική αδυναμία, αλλά επειδή έπασχε από καταστροφική κατάθλιψη και δεν άντεχε άλλο το ψυχικό άλγος.

Η εν λόγω γενική άγνοια ως προς το τι είναι πραγματικά η κατάθλιψη φάνηκε πρόσφατα στην περίπτωση του Πρίμο Λέβι, του αξιόλογου ιταλού συγγραφέα και επιζώντα του Άουσβιτς, ο οποίος το 1987, στα εξήντα επτά του χρόνια, ρίχτηκε από μια σκάλα στο Τουρίνο. Από τότε που ξεκίνησε η δική μου εμπλοκή με την αρρώστια, ανέπτυξα ξεχωριστό ενδιαφέρον για το θάνατο του Λέβι, και γι' αυτό, όταν διάβασα στους *New York Times* την αναφορά σε ένα συμπόσιο με θέμα τον συγγραφέα και το έργο του που οργάνωσε το Πανεπιστήμιο της Νέας Υόρκης, ενθουσιάστηκα αλλά, εντέλει, αισθάνθηκα αποστροφή. Καθόσον, σύμφωνα με το άρθρο, πολλοί σύνεδροι, αναγνωρισμένοι συγγραφείς και διανοούμενοι, αντιμετώπισαν με αμηχανία και απογοήτευση την αυτοκτονία του Λέβι. Αντέδρασαν, θαρρείς και αυτός ο άνθρωπος, τον οποίο θαύμαζαν βαθύτατα και ο οποίος είχε υποστεί τόσα μαρτύρια στα χέρια των ναζιστών –ένας άνθρωπος υποδειγματικού θάρρους και αντοχής–, με την αυτοκτονία του παρουσίασε μια αδυναμία, μια κατάρρευση της προσωπικότητάς του, την οποία αρνούνταν να δεχτούν. Μπροστά σ' ένα τρομερό απόλυτο –την αυτοκαταστροφή– αντέδρασαν επιδεικνύοντας αμηχανία και (δεν ήταν δυνατόν να μην το αντιληφθεί ο αναγνώστης) μια υποψία ντροπής.

Ενοχλήθηκα σε τέτοιο βαθμό ώστε υπέπεσα στον πειρασμό να γράψω ένα σύντομο κείμενο προς δημοσίευση στους *Times*. Το επιχείρημα που ανέπτυξα ήταν αρκούντως σαφές: η οδύνη της σοβαρής κατάθλιψης είναι ασύλληπτη για όσους δεν την έχουν νιώσει, κι όταν το άγχος γίνεται ανυπόφορο, σκοτώνει. Η πρόληψη πολλών αυτοκτονιών θα εξακολουθήσει να συναντά εμπόδια, έως ότου γίνει ευρέως αντιληπτός ο χαρακτήρας αυτού του ψυχικού άλγους. Χάρη στις ιαματικές ιδιότητες του χρόνου –σε συνδυασμό με την ιατρική βοήθεια και, σε πολλές περιπτώσεις, τη νοσοκομειακή περίθαλψη– οι περισσότεροι ασθενείς επιβιώνουν της κατάθλιψης, κάτι που ενδεχομένως αποτελεί τη μόνη θετική πλευρά της· όμως η τραγική λεγεώνα των ανθρώπων που νιώθουν την ανάγκη να σκοτωθούν δεν θα πρέπει να γίνεται στόχος αποδοκιμασίας περισσότερο απ' όσο τα θύματα των ανίατων μορφών του καρκίνου.

Στο κείμενο προς τους *Times* διατύπωσα τις απόψεις μου κάπως βιαστικά και αυθόρμητα, ωστόσο η απήχησή τους υπήρξε επίσης αυθόρμητη – και τεράστια. Δεν χρειάστηκε, όπως διαπίστωσα, να επιδείξω ιδιαίτερη πρωτοτυπία και θάρρος για να μιλήσω ανοιχτά για την αυτοκτονία και την τάση προς αυτήν, αλλά προφανώς είχα υποτιμήσει τον αριθμό των ανθρώπων για τους οποίους ήταν ένα θέμα ταμπού και το αντιμετώπιζαν με μυστικότητα και ντροπή. Η ισχυρή αντίδραση με έκανε να νιώσω πως άθελά μου συνέβαλα στο άνοιγμα ενός ντουλαπιού απ' όπου πολλά πλάσματα ήταν πρόθυμα να φανερωθούν και να διακηρύξουν ότι έχουν βιώσει τα συναισθήματα που περιέγραψα. Είναι η μοναδική φορά στη ζωή μου που πίστεψα ότι άξιζε τον κόπο η παραβίαση και η δημόσια έκθεση της ιδιωτικής μου ζωής. Και σκέφτηκα ότι, με βάση αυτό το ορμητικό ρεύμα και αν χρησιμοποιούσα την εμπειρία μου στο Παρίσι ως λεπτομερές παράδειγμα του τι συμβαίνει κατά τη διάρκεια της κατάθλιψης, θα ήταν χρήσιμο να επιχειρήσω να καταγράψω ορισμένες από τις εμπειρίες μου όσον αφορά την ασθένεια, δημιουργώντας ενδεχομένως ένα πλαίσιο αναφοράς από το οποίο θα μπορούσε να εξαχθεί ένα ή και περισσότερα πολύτιμα συμπεράσματα. Οφείλω να διευκρινίσω ότι τέτοιας λογής συμπεράσματα εξακολουθούν να βασίζονται στην προσωπική εμπειρία ενός ατόμου. Καταγράφοντας τους εν λόγω στοχασμούς δεν φιλοδοξώ να παρουσιάσω την περιπέτειά μου ως αντιπροσωπευτική του τι συμβαίνει ή ενδέχεται να συμβεί σε άλλους. Η κατάθλιψη είναι υπερβολικά σύνθετη όσον αφορά τα αίτια, τα συμπτώματα και τη θεραπεία της, και γι' αυτό δεν είναι δυνατόν να εξαχθούν ανεπιφύλακτα συμπεράσματα από την εμπειρία ενός ατόμου. Μολονότι ως ασθένεια η κατάθλιψη συνοδεύεται από ορισμένα σταθερά χαρακτηριστικά γνωρίσματα, παρουσιάζει συγχρόνως πολλές ιδιομορφίες· έμεινα κατάπληκτος από ορισμένα απίθανα φαινόμενα –τα οποία ουδέποτε ανέφεραν άλλοι ασθενείς– που δημιούργησε μέσα στα οφιοειδή μονοπάτια του λαβύρινθου του μυαλού μου.

Η κατάθλιψη πλήττει άμεσα εκατομμύρια ανθρώπους, και ακόμα περισσότερα εκατομμύρια συγγενών και φίλων των ασθενών. Υπολογίζεται ότι ένας στους δέκα Αμερικανούς θα προσβληθεί από την ασθένεια. Καταφανώς δημοκρατική, σαν αφίσα του Νόρμαν Ρόκγουελ, προσβάλλει αδιάκριτα όλες τις ηλικίες, τις φυλές, τα δόγματα και τις κοινωνικές τάξεις, αν και οι γυναίκες απειλούνται πολύ περισσότερο από τους άντρες. Ο κατάλογος των επαγγελμάτων των ασθενών (ράφτες, μαουνιέρηδες, σεφ γιαπωνέζικης κουζίνας, μέλη του υπουργικού συμβουλίου) είναι υπερβολικά μακρύς και ανιαρός και δεν χρειάζεται να τον παραθέσω· αρκεί να πω ότι ελάχιστα είναι τα άτομα που δεν αποτελούν δυνητικά θύματα της αρρώστιας, στην ήπια, τουλάχιστον, μορφή της. Παρά την εκλεκτική δράση της κατάθλιψης, έχει καταδειχθεί, με σχετικά πειστικό τρόπο, πως οι καλλιτεχνικές ιδιοσυγκρασίες (προπάντων οι ποιητές) είναι ιδιαίτερα ευάλωτες στη διαταραχή – η οποία στη σοβαρότερη κλινική της εκδήλωση οδηγεί το είκοσι τοις εκατό των θυμάτων της στην αυτοκτονία. Ιδού ορισμένοι αυτόχειρες, σύγχρονοι στο σύνολό τους πνευματικοί άνθρωποι και καλλιτέχνες, που απαρτίζουν ένα θλιβερό αλλά λαμπρό προσκλητήριο: Χαρτ Κρέιν, Βινσέν Βαν Γκογκ, Βιρτζίνια Γουλφ, Αρσάιλ Γκόργκι, Τσέζαρε Παβέζε, Ρομαίν Γκαρύ, Βαίτσελ Λίντσεϋ, Σύλβια Πλαθ, Ανρύ ντε Μοντερλάν, Μαρκ Ρόθκο, Τζων Μπέρρυμαν, Τζακ Λόντον, Έρνεστ Χέμινγουεϊ, Ουίλλιαμ Ίνγκε, Νταϊάν Άρμπους, Ταντέους Μπορόβσκι, Πάουλ Τσέλαν, Αν Σέξτον, Σεργκέι Γιεσσένιν, Βλαντιμίρ Μαγιακόφσκι – ο κατάλογος δεν έχει τελειωμό. (Ο ρώσος ποιητής Μαγιακόφσκι έκρινε με αυστηρότητα την αυτοκτονία του σπουδαίου συγχρόνου του Γιεσσένιν λίγα χρόνια νωρίτερα, κάτι που θα πρέπει να αποτελέσει προειδοποίηση για όσους αντιμετωπίζουν επικριτικά την αυτοκαταστροφή.) Όταν σκεφτόμαστε αυτούς τους καταδικασμένους και τόσο προικισμένους άντρες και γυναίκες, μοιραία ο νους οδηγείται στα παιδικά τους χρόνια, όπου, όπως όλοι γνωρίζουν, περιέχονται τα σπέρματα της νόσου· θα μπορούσε κάποιος ανάμεσά τους να είχε διαισθανθεί, τότε, τη φθαρτή φύση της ψυχής, το πόσο ευάλωτη είναι; Και γιατί αυτοί χάθηκαν, ενώ άλλοι –προσβεβλημένοι στον ίδιο βαθμό από την ίδια ασθένεια– κατόρθωσαν να επιζήσουν;

IV

ΜΟΛΙΣ ΑΝΤΙΛΗΦΘΗΚΑ ότι έπασχα από την αρρώστια, αισθάνθηκα, μεταξύ άλλων, την ανάγκη να διαμαρτυρηθώ εντόνως για τη χρήση της λέξης «depression» [κατάθλιψη]. Όπως γνωρίζουν οι περισσότεροι, η κατάθλιψη ονομαζόταν άλλοτε «μελαγχολία», λέξη που εμφανίζεται από το 1303 και απαντά αρκετές φορές στον Τσώσερ, που τη μεταχειρίζεται σαν να είχε επίγνωση των παθολογικών της υποδηλώσεων. Ο όρος «μελαγχολία» θα εξακολουθούσε να φαίνεται πολύ πιο κατάλληλος και υποδηλωτικός όσον αφορά τις πιο σκοτεινές όψεις της διαταραχής, αν δεν είχε παραγκωνιστεί από ένα άτονο ουσιαστικό δίχως την παραμικρή επιβλητικότητα, το οποίο χρησιμοποιούσαν αδιακρίτως για να περιγράψουν την οικονομική ύφεση ή το κοίλωμα του εδάφους, λέξη πραγματικά αναποτελεσματική για μια τόσο σοβαρή αρρώστια. Δεν αποκλείεται ο επιστήμονας που εν γένει θεωρείται υπεύθυνος για την τρέχουσα χρήση της στη σύγχρονη εποχή, μέλος του διοικητικού συμβουλίου της Ιατρικής Σχολής Johns Hopkins, πρόσωπο το οποίο δικαίως έχαιρε μεγάλης εκτιμήσεως –ο ελβετικής καταγωγής ψυχίατρος Άντολφ Μέγιερ– να ήταν ανίκανος να συλλάβει τους πιο λεπτούς ρυθμούς της αγγλικής γλώσσας και ως εκ τούτου δεν αντιλήφθηκε την εννοιολογική ζημιά που επέφερε προτείνοντας τη λέξη «depression» ως το κατάλληλο περιγραφικό ουσιαστικό για την απόδοση μιας τόσο φοβερής και εφιαλτικής αρρώστιας. Παρά ταύτα, εδώ και εβδομήντα πέντε χρόνια, η λέξη έχει γλιστρήσει ανώδυνα σαν γυμνοσάλιαγκας μέσα στη γλώσσα, δίχως να αφήνει ίχνη της εγγενούς υπονομευτικής της δράσης και δίχως να επιτρέπει, εξαιτίας της ίδιας της της ανουσιότητας, να γίνει ευρύτερα αντιληπτή η φοβερή βιαιότητα της αρρώστιας, όταν είναι ανεξέλεγκτη.

Ως άνθρωπος που βασανίστηκε σε βαθμό υπέρτατο από την ασθένεια, αλλά κατόρθωσε να μιλήσει γι' αυτή, θα έκλινα υπέρ μιας αληθινά εντυπωσιακής ονομασίας. Το «brainstorm»,* λόγου χάριν, έχει δυστυχώς χρησιμοποιηθεί για να

* Πνευματική σύγχυση αλλά και έμπνευση· προέρ-

περιγράψει, ελαφρώς σκωπτικά, την έμπνευση του νου. Απαιτείται πάντως κάτι ανάλογο. Πληροφορούμενος πως η ψυχική διαταραχή ενός ανθρώπου εξελίχτηκε σε θύελλα –μια ατόφια μανιασμένη θύελλα στον εγκέφαλο, κάτι με το οποίο, όντως, μοιάζει πρωτίστως η κλινικώς διαπιστωμένη κατάθλιψη– ακόμα και ο απλός άνθρωπος, ο μη ειδικός, ενδέχεται να την αντιμετωπίσει με κατανόηση και όχι με τη συνήθη αντίδραση απέναντι στη λέξη «κατάθλιψη», του τύπου «Και λοιπόν τι έγινε;» ή «Θα σου περάσει» ή «Όλοι έχουμε τις άσχημες μέρες μας». Η έκφραση «νευρικός κλονισμός» φαίνεται να σβήνει, όπως αναμφίβολα της αξίζει, αφού υπαινίσσεται μια αόριστη αδυναμία χαρακτήρος του πάσχοντος· αλλά επί του παρόντος είμαστε εγκλωβισμένοι στον όρο «κατάθλιψη», έως ότου πλάσουμε μια καλύτερη, μόνιμη λέξη.

Η κατάθλιψη στην οποία βούτηξα δεν ήταν μανιοκαταθλιπτικής μορφής –είδος που συνοδεύεται από εξάρσεις ευφορίας–, κάτι που κατά πάσαν πιθανότητα θα μου είχε παρουσιαστεί αν ήμουν νεότερος. Ήμουν εξήντα ετών όταν εκδηλώθηκαν τα πρώτα συμπτώματα της νόσου, στη

χεται από το brain που σημαίνει εγκέφαλος και το storm που σημαίνει θύελλα. (Σ.τ.Μ.)

«μονοπολική» της μορφή, η οποία έχει ταχύτατη εξέλιξη. Δεν θα μάθω ποτέ τι την «προκάλεσε», όπως άλλωστε κανένας δεν θα ανακαλύψει την αιτία της δικής του κατάθλιψης. Το πιθανότερο είναι ότι αυτή η αδυναμία προσδιορισμού των αιτίων θα διαρκεί αιώνια, επειδή ακριβώς είναι σύνθετοι οι εμπλεκόμενοι παράγοντες που προκαλούν χημικές και γενετικές ανωμαλίες, καθώς και διαταραχή στη συμπεριφορά. Είναι προφανές ότι εμπλέκονται πολλαπλοί συντελεστές – τρεις ή τέσσερις, πιθανότατα περισσότεροι, με αμέτρητους συνδυασμούς. Γι' αυτό το λόγο, η μεγαλύτερη πλάνη όσον αφορά την αυτοκτονία σχετίζεται με την αντίληψη ότι υφίσταται μία και μοναδική άμεση εξήγηση –ή ενδεχομένως συνδυασμός εξηγήσεων– της πράξης.

Η αναπόφευκτη ερώτηση «Γιατί το έκανε;» οδηγεί συνήθως σε αλλόκοτες εικασίες που, ως επί το πλείστον, αποτελούν εσφαλμένους συλλογισμούς. Πολύ γρήγορα εντοπίστηκαν οι αιτίες που ώθησαν τον Άμπι Χόφμαν στο θάνατο: η αντίδρασή του στο τροχαίο ατύχημα του οποίου έπεσε θύμα, η αποτυχία του τελευταίου βιβλίου του, η σοβαρή αρρώστια της μητέρας του. Για τον Ράνταλ Τζάρρελ είπαν ότι έφταιγε το γεγονός ότι η σταδιοδρομία του έφθινε και το ότι οι κριτικοί έγραψαν κακεντρεχή σχόλια για τα βιβλία του, πράγμα που του προκάλεσε βαθιά οδύνη. Ο Πρίμο Λέβι, αν πιστέψουμε τις φήμες, είχε επιφορτιστεί με τη φροντίδα της παράλυτης μητέρας του, κάτι που, όσον αφορά το ψυχολογικό βάρος, αποδείχτηκε επαχθέστερο από την εμπειρία του στο Άουσβιτς. Ο καθένας από αυτούς τους παράγοντες αποτελούσε ενδεχομένως αγκάθι στα πλευρά των τριών αντρών, και βασανίζονταν. Τέτοιου είδους επιβαρυντικές καταστάσεις ενδέχεται να αποβούν κρίσιμες και δεν γίνεται να αγνοηθούν. Όμως οι περισσότεροι άνθρωποι υπομένουν αθόρυβα ανάλογα προβλήματα εξαιτίας κάποιου τραυματισμού, της παρακμής της καριέρας τους, των κακών βιβλιοκριτικών, των ασθενειών μέσα στην οικογένεια. Στην πλειοψηφία τους, οι επιζώντες του Άουσβιτς τα έβγαλαν πέρα μια χαρά. Αιμάσσοντα και συντεθλιμμένα από την ωμότητα της ζωής, τα περισσότερα ανθρώπινα πλάσματα συνεχίζουν την πορεία τους παραπαίοντας, άτρωτα απέναντι στην αληθινή κατάθλιψη. Αν θέλουμε να ανακαλύψουμε γιατί ορισμένοι άνθρωποι βουτούν στη δίνη των αδύτων της κατάθλιψης, οφείλουμε να ψάξουμε πίσω από τα έκδηλα συμπτώματα της κρίσης – αλλά, και πάλι, το αποτέλεσμα θα είναι απλώς μερικές ευφυείς εικασίες.

Η θύελλα που με παρέσυρε και με οδήγησε

στο νοσοκομείο τον Δεκέμβριο ξεκίνησε τον προηγούμενο Ιούνιο, σαν ένα συννεφάκι όχι μεγαλύτερο από κρασοπότηρο. Και το σύννεφο –τα φανερά συμπτώματα– σχετίζονταν με το αλκοόλ, μια ουσία της οποίας έκανα χρήση επί σαράντα χρόνια. Όπως ένα σωρό αμερικανοί συγγραφείς, των οποίων ο ενίοτε θανάσιμος εθισμός στο οινόπνευμα απέκτησε διαστάσεις θρύλου και έγινε αντικείμενο πλήθους μελετών και βιβλίων, χρησιμοποιούσα το αλκοόλ ως το μαγικό μέσο που με ταξίδευε στους φανταστικούς κόσμους της ευφορίας, ερεθίζοντας τη φαντασία μου. Δεν έχω λόγους να μετανιώνω ούτε να δικαιολογούμαι επειδή χρησιμοποιούσα αυτό το, συχνά ανυπέρβλητο, καταπραϋντικό μέσο, το οποίο συνέβαλε εξόχως στο έργο μου· μολονότι δεν έγραψα ποτέ ούτε γραμμή υπό την επήρειά του, κατέφευγα σ' αυτό –συνδυάζοντάς το πολλές φορές με μουσική– προκειμένου να συλλάβει ο νους μου οράματα στα οποία δεν έχει πρόσβαση ο ανέπαφος, νηφάλιος εγκέφαλος. Το αλκοόλ ήταν για το πνεύμα μου ο πολύτιμος συνέταιρος απ' τα παλιά, καθώς και ο φίλος του οποίου τις υπηρεσίες αναζητούσα καθημερινά· όπως διαπιστώνω εκ των υστέρων, ήταν επίσης ένα μέσο για να καλμάρω το άγχος και τον αφετηριακό τρόμο που για πολύ καιρό είχα καταχωνιάσει στα υπόγεια του μυαλού μου.

Το δυστύχημα ήταν ότι στις αρχές εκείνου του καλοκαιριού προδόθηκα. Μου συνέβη εντελώς απρόσμενα, σχεδόν εν μία νυκτί: μου ήταν αδύνατον πλέον να πιω. Ήταν σαν να επαναστάτησε το σώμα μαζί με το νου και να συνωμότησαν για να εξαλείψουν τούτο το καθημερινό λουτρό της ψυχικής μου διάθεσης, που τόσο καιρό ήταν καλοδεχούμενο και, ποιος ξέρει, ίσως και αναγκαίο. Πολλοί πότες, καθώς γερνούν, εμφανίζουν την εν λόγω δυσανεξία. Υποπτεύομαι ότι η κρίση είχε, τουλάχιστον εν μέρει, σχέση με το μεταβολισμό –το συκώτι επαναστάτησε, σαν να έλεγε «Φτάνει, δεν πάει άλλο»– εγώ, πάντως, διαπίστωσα ότι το οινόπνευμα έστω και σε ελάχιστες δόσεις, έστω και μια γουλιά κρασί, μου προκαλούσε ναυτία, έντονη και δυσάρεστη ζάλη, αίσθημα ιλίγγου και, τέλος, ξεκάθαρη αποστροφή. Ο εξυπηρετικός φίλος και συμπαραστάτης μου δεν με εγκατέλειψε απρόθυμα και σταδιακά, όπως θα συνέβαινε με έναν αληθινό φίλο, αλλά μεμιάς, κι απόμεινα μπουκάλα, αν και ασφαλώς δίχως μπουκάλα.

Δεν έκοψα το ποτό ηθελημένα, δεν επέλεξα εγώ να το σταματήσω· η κατάσταση με προβλημάτιζε, όμως επιπλέον μου δημιουργούσε δυσάρεστη ψυχική διάθεση, και κατ' εμέ, η αρχή της κατάθλιψής μου συμπίπτει με το ξεκίνημα της αποχής από το οινόπνευμα. Λογικά, ένας άνθρωπος θα ένιωθε περιχαρής επειδή το σώμα απέρριψε τόσο άμεσα μια επιβλαβή για την υγεία του ουσία· ήταν σαν να παρήγαγε ο οργανισμός μου ένα είδος αντιδότου, το οποίο θα μου επέτρεπε να συνεχίσω χαρούμενος τη ζωή μου, ικανοποιημένος που μια παραξενιά της φύσης με απομάκρυνε από μια βλαπτική εξάρτηση. Αντιθέτως ωστόσο, άρχισε να εκδηλώνεται μια ακαθόριστα ανησυχητική κακοδιαθεσία, σαν κάτι να στράβωσε στο οικείο περιβάλλον όπου ήμουν τόσον καιρό βολεμένος. Μολονότι η κατάθλιψη δεν είναι διόλου άγνωστη στους ανθρώπους που κόβουν το ποτό, κατά κανόνα παρουσιάζεται σε βαθμό μη απειλητικό. Όμως ας μην ξεχνάμε ότι τα πρόσωπα της κατάθλιψης σχετίζονται με την ιδιοσυγκρασία του καθενός.

Στην αρχή δεν ανησύχησα, αφού η αλλαγή ήταν ανεπαίσθητη, ωστόσο πρόσεξα πως υπήρχαν φορές που ο περιβάλλων χώρος αποκτούσε έναν διαφορετικό τόνο· οι ίσκιοι, την ώρα που έπεφτε το σκοτάδι, φάνταζαν πιο σκοτεινοί, τα πρωινά μου ήταν λιγότερο χαρούμενα, οι περίπατοι στο δάσος έχαναν τη γοητεία τους και κάποια στιγμή, την ώρα που δούλευα, αργά το απόγευμα, με κυρίευε για λίγα λεπτά ένα είδος πανικού και άγχους, που συνοδευόταν από έντονη ναυτία – το συγκεκριμένο σύμπτωμα ήταν ελαφρώς ανησυχητικό, τέλος πάντων. Καθώς καταγράφω αυτές τις αναμνήσεις, διαπιστώνω πως έπρεπε να είχα αντιληφθεί ότι βρισκόμουν ήδη στα πρώτα στάδια μιας ψυχικής διαταραχής, όμως εκείνη την περίοδο δεν ήξερα τίποτα για την πάθηση.

Όταν με απασχόλησε η παράξενη μεταβολή της αντίληψής μου –και από καιρού εις καιρόν με προβλημάτιζε αρκετά ώστε να το σκέφτομαι–, κατέληξα στο συμπέρασμα πως όλα αυτά είχαν κάποιου είδους σχέση με την αναγκαστική αποχή από το αλκοόλ. Και φυσικά, αυτό ίσχυε ως ένα βαθμό. Όμως τώρα είμαι πεπεισμένος πως το οινόπνευμα μου έπαιξε άσχημο παιχνίδι, όταν αποχαιρετήσαμε ο ένας τον άλλο· μόλο που, όπως όλοι γνωρίζουν, είναι ισχυρός καταθλιπτικός παράγοντας, ουδέποτε με κατέθλιψε πραγματικά όσον καιρό έπινα, απεναντίας δρούσε ως ασπίδα απέναντι στο άγχος. Όταν ξάφνου σταμάτησα να πίνω, ο ανεκτίμητος σύμμαχος που για τόσο μεγάλο χρονικό διάστημα απωθούσε τους δαίμονές μου δεν ήταν πια εκεί για να τους εμποδίσει να κατακλύσουν το υποσυνείδητό μου, κι εγώ είχα απομείνει συναισθηματικά γυμνός, ευάλωτος όσο ποτέ άλλοτε. Αναμφίβολα, η ασθένεια με πολιορκούσε από χρόνια, περιμένοντας την κατάλληλη στιγμή για να επιτεθεί. Τώρα βρισκόμουν στο πρώτο στάδιο της σκοτεινής θύελλας της κατάθλιψης – το προειδοποιητικό, που θυμίζει την ανεπαίσθητη τρεμουλιαστή λάμψη των αστραπών.

Εκείνο το ασυνήθιστα όμορφο καλοκαίρι, βρισκόμουν στο Μάρθα'ς Βάινγιαρντ, όπου από τη δεκαετία του εξήντα περνώ το μεγαλύτερο μέρος του χρόνου. Είχα αρχίσει, εντούτοις, να αντιμετωπίζω με αδιαφορία τις ομορφιές του νησιού. Ένιωθα κάτι σαν αδράνεια, σαν αποδυνάμωση, αλλά προπάντων μια παράξενη ευθραυστότητα – θαρρείς και το σώμα μου κατάντησε αδύναμο, υπερευαίσθητο, ξεχαρβαλωμένο και αδέξιο κατά κάποιον τρόπο, σαν να μην συντονιζόταν κανονικά. Και σύντομα με κυρίεψε μια διαβρωτική υποχονδρία. Αισθανόμουν ότι τίποτα δεν πήγαινε καλά με το σώμα μου· είχα σουβλιές και πονάκια, περιοδικώς εμφανιζόμενα, τα οποία ωστόσο συχνά φάνταζαν μόνιμα και έμοιαζαν να προοιωνίζονται κάθε λογής φοβερή ασθένεια. (Από αυτές τις ενδείξεις, μπορούμε να καταλάβουμε γιατί, από τον δέκατο έβδομο αιώνα ακόμα –σύμφωνα με τις σημειώσεις των γιατρών της εποχής, και τις παρατηρήσεις του Τζων Ντράυντεν και άλλων– η μελαγχολία συσχετίζεται με την υποχονδρία· μέχρι τον δέκατο ένατο αιώνα, συχνά οι λέξεις χρησιμοποιούνταν εναλλακτικά, από διαφορετικούς μεταξύ τους συγγραφείς, όπως ο Σερ Ουώλτερ Σκοτ και οι αδελφές Μποντέ, οι οποίοι διέκριναν μια σχέση ανάμεσα στη μελαγχολία και την επίμονη ενασχόληση με τις σωματικές παθήσεις.) Εύκολα αντιλαμβανόμαστε ότι αυτή η κατάσταση αποτελεί τμήμα των μηχανισμών άμυνας της ψυχής· αρνούμενος να δεχτεί την αυξανόμενη επιδείνωσή του, ο νους αναγγέλλει στη συνείδηση ότι αυτό που άρχισε να καταρρέει είναι το σώμα με τα ενδεχομένως θεραπεύσιμα προβλήματά του – και όχι το πολύτιμο και αναντικατάστατο πνεύμα.

Στην περίπτωσή μου, το συνολικό αποτέλεσμα ήταν απείρως ανησυχητικό, αυξάνοντας το άγχος, που πλέον δεν με εγκατέλειπε στιγμή τις ώρες του ξύπνιου και τροφοδοτούσε επιπλέον ένα παράξενο σχήμα συμπεριφοράς – μια πυρετώδη αναστάτωση, που με ανάγκαζε να κινούμαι διαρκώς, προς μεγάλη αμηχανία της οικογένειας και των φίλων μου. Μια φορά, προς το τέλος του καλοκαιριού, πετώντας προς τη Νέα Υόρκη, είχα την απερισκεψία να πιω ένα ουίσκι με σόδα –έπειτα από αποχή μηνών από το αλκοόλ– με αποτέλεσμα να πέσω μονομιάς σε δίνη και να νιώσω φριχτά άρρωστος, κυριευμένος από αίσθημα κατάπτωσης, σε σημείο που την επομένη επισκέφτηκα επειγόντως έναν παθολόγο στο Μανχάτταν, ο οποίος με υπέβαλε σε μια σειρά εξετάσεων. Υπό κανονικές συνθήκες θα αναθαρρούσα, θα αισθανόμουν πασιχαρής, όταν, έπειτα από τριών εβδομάδων πανάκριβες εξετάσεις με μηχανήματα υψηλής τεχνολογίας, ο γιατρός διέγνωσε πως ήμουν σε άριστη φόρμα· και *ήμουν* ευχαριστημένος για μια-δυο μέρες, ώσπου άρχισε και πάλι η ρυθμική καθημερινή διάβρωση του ηθικού μου – το άγχος, η ταραχή, ο ακαθόριστος τρόμος.

Εν τω μεταξύ, είχα επιστρέψει στο σπίτι μου στο Κονέτικατ. Ήταν Οκτώβριος, και ένα από τα αλησμόνητα χαρακτηριστικά αυτής της φάσης της διαταραχής μου ήταν το γεγονός ότι, τις στιγμές που το ηθικό μου βούλιαζε στο ναδίρ, το παλιό μου αγρόκτημα, το αγαπημένο μου σπίτι εδώ και τριάντα χρόνια, αποκτούσε μια σχεδόν απτή απειλητική όψη. Το τελευταίο φως του δειλινού –ανάλογο με το περίφημο «slant of light» [κλίση του φωτός] της Έμιλυ Ντίκινσον, που της θύμιζε θάνατο, παγερή εξάλειψη– ήταν απογυμνωμένο από τη γνώριμη φθινοπωρινή γοητεία του, απεναντίας με παρέσυρε σε αποπνικτικά ερέβη. Διερωτώμουν πώς ήταν δυνατόν εκείνος ο φιλικός τόπος, που ξεχείλιζε αναμνήσεις από «αγόρια και κορίτσια», «γέλιο και δύναμη και αναστεναγμό / και φορέματα και μπούκλες» (για να μεταχειριστώ ξανά τα λόγια της ποιήτριας), να φαντάζει σχεδόν χειροπιαστά εχθρικός και απειλητικός. Η Ρόουζ ήταν, όπως πάντα, κοντά μου και άκουγε με ανεξάντλητη υπομονή την γκρίνια μου. Όμως αισθανόμουν βαθύτατη και βασανιστική μοναξιά. Μου ήταν αδύνατον να συγκεντρωθώ τις απογευματινές ώρες, κατά τις οποίες, επί χρόνια, είχα συνηθίσει να εργάζομαι, και σιγά-σιγά, το ίδιο το γράψιμο έγινε μια δύσκολη και επίμοχθη διαδικασία, που όλο βάλτωνε, ώσπου, εντέλει, σταμάτησε.

Είχα επίσης φοβερές, σφοδρές κρίσεις άγχους. Μια λαμπρή μέρα, καθώς περπατούσα με το σκύλο μου στο δάσος, άκουσα τα κρωξίματα ενός σμήνους καναδόχηνων πάνω απ' τα πλούσια φυλλώματα των δέντρων· μολονότι συνήθως το θέαμα και τα κρωξίματά τους με ενθουσίαζαν, το πέταγμα των πουλιών με ακινητοποίησε και, καθηλωμένος από φόβο, απέμεινα σύξυλος, ανήμπορος, τρεμάμενος, συνειδητοποιώντας για πρώτη φορά ότι δεν είχα απλώς κλειστεί στον εαυτό μου, αλλά ότι έπασχα από σοβαρή αρρώστια, την οποία μπορούσα πλέον να παραδεχτώ και να κατονομάσω. Κατά την επιστροφή μου στο σπίτι, δεν έφευγαν από το μυαλό μου τα λόγια του Μπλωντλαίρ, ένας στίχος από το μακρινό παρελθόν, ο οποίος για κάμποσες μέρες γυρόφερνε στις παρυφές της συνείδησής μου: «Ένιωσα την πνοή των φτερών της τρέλας».*

Η ενδεχομένως κατανοητή σύγχρονη ανάγκη μας να λειάνουμε την αιχμηρή κόψη πλήθους ασθενειών που κληρονομούμε οδήγησε στον εξοβελισμό των άκομψων ξεπερασμένων λέξεων: τρελοκομείο, άσυλο, παραφροσύνη, μελαγχολία, φρενοβλαβής, τρέλα. Όμως δεν υπάρχει αμφιβολία ότι η κατάθλιψη, στην έσχατη μορφή της, είναι τρέλα. Η τρέλα είναι προϊόν ανωμαλίας της βιοχημικής λειτουργίας. Έχει υποστηριχθεί με σχετική βεβαιότητα (έπειτα από ισχυρή αντίσταση εκ μέρους πολλών ψυχιάτρων, σε ένα όχι τόσο μακρινό παρελθόν) πως αυτού του είδους η τρέλα προκαλείται από χημικές διεργασίες μεταξύ των νευρομεταβιβαστών του εγκεφάλου, πιθανώς ως αποτέλεσμα καταπόνησης του οργανισμού· για άγνωστους λόγους προκαλείται ελάττωση της νορεπινεφρίνης και της σεροτονίνης και αύξηση μιας ορμόνης, της κορτιζόλης. Με όλη αυτή την αναταραχή των εγκεφαλικών ιστών, την εναλλαγή τροφοδότησης και στέρησης, δεν είναι περίεργο το γεγονός ότι το πνεύμα αρχίζει να νιώθει πληγωμένο, καταβεβλημένο,

---

* «J'ai senti passer sur moi le vent de l'aile de l'imbécillité». Μπωντλαίρ, *Journeaux intimes*.

και ότι η μπερδεμένη λειτουργία της σκέψης καταγράφει τον βασανιστικό πόνο ενός συσπώμενου οργάνου. Ορισμένες φορές, αν και όχι πολύ συχνά, ένα τόσο διαταραγμένο πνεύμα θα καλλιεργήσει βίαιες σκέψεις για τρίτους. Μα εξαιτίας αυτής της επώδυνης τάσης προς την εσωστρέφεια, τα θύματα της νόσου συνήθως είναι επικίνδυνα μόνο για τον ίδιο τους τον εαυτό. Η τρέλα της κατάθλιψης είναι, σε γενικές γραμμές, το ακριβώς αντίθετο της βίας. Είναι πράγματι θύελλα, αλλά θύελλα του ζόφου. Πολύ σύντομα καθίσταται φανερή η επιβράδυνση των αντιδράσεων, η ημιπαράλυση, η ανυπαρξία ψυχικής ενέργειας. Στο τέλος προσβάλλεται το σώμα και νιώθει εξασθενημένο, εξαντλημένο.

Εκείνο το φθινόπωρο, όταν η διαταραχή είχε αλώσει πλήρως τον οργανισμό μου, άρχισα να παρομοιάζω το μυαλό μου με τα απαρχαιωμένα τηλεφωνικά κέντρα των επαρχιακών πόλεων, που βουλιάζουν βαθμηδόν στα νερά των πλημμυρισμένων ποταμών· ένα-ένα, τα φυσιολογικά κυκλώματα άρχισαν να κατακλύζονται απ' τα νερά, με αποτέλεσμα ορισμένες σωματικές λειτουργίες και σχεδόν όλες οι λειτουργίες του ενστίκτου και της διάνοιας σταδιακά να αποσυνδεθούν.

Υπάρχει μια πασίγνωστη λίστα διαταραχών των εν λόγω λειτουργιών. Οι δικές μου με εγκατέλειψαν σχεδόν σύμφωνα με τις προβλέψεις και πολλές ακολούθησαν το κλασικό σχήμα των καταθλιπτικών επεισοδίων. Θυμάμαι ιδιαίτερα την αξιοθρήνητη, σχεδόν ολοσχερή, απώλεια της φωνής μου. Υπέστη μια παράξενη αλλοίωση, και ώρες-ώρες ακουγόταν ξεψυχισμένη, ασθμαίνουσα και σπασμωδική – ένας φίλος παρατήρησε αργότερα πως ήταν φωνή ενενηντάχρονου. Επιπλέον, η λίμπιντο με αποχαιρέτησε νωρίς, όπως συμβαίνει στις περισσότερες σοβαρές ασθένειες – είναι η περιττή ανάγκη ενός σώματος που αντιμετωπίζει δύσκολες καταστάσεις. Πολλοί χάνουν εντελώς την όρεξή τους· η δική μου παρέμεινε σχετικά φυσιολογική, αλλά διαπίστωσα ότι έτρωγα μόνο για να επιβιώνω· το φαγητό, όπως καθετί σχετικό με τις αισθήσεις, ήταν εντελώς άγευστο. Η πιο θλιβερή απ' όλες τις διαταραχές των φυσικών λειτουργιών ήταν του ύπνου, που συνοδευόταν από πλήρη απουσία ονείρων.

Η προερχόμενη από αϋπνία εξάντληση είναι υπέρτατο μαρτύριο. Τις νύχτες κατόρθωνα να κοιμηθώ δυο-τρεις ώρες, πάντα με τη βοήθεια του Halcion – κάτι που οφείλω να τονίσω ιδιαίτερα. Εδώ και κάμποσο καιρό, πολλοί ειδικοί επιστήμονες της φαρμακολογίας έχουν προειδοποιήσει πως η οικογένεια των βενζοδιαζεπινών, στην οποία ανήκει το Halcion (τα άλλα είναι το Valium και το Ativan), ενδέχεται να προκαλέσει μελαγχολία, ακόμα και σοβαρή κατάθλιψη. Περισσότερο από δύο χρόνια πριν από την εκδήλωση της ασθένειάς μου, ένας ανυποψίαστος γιατρός μου είχε γράψει το Ativan,* για να διευκολύνει τον ύπνο μου, συνιστώντας μου ελαφρά τη καρδία να το παίρνω άφοβα, όπως την ασπιρίνη. Το *Physicians' Desk Reference*, η βίβλος της φαρμακολογίας, αποκαλύπτει πως το φάρμακο που έπαιρνα (α) ήταν τρεις φορές ισχυρότερο από τη συνηθισμένη δόση, (β) η χρήση του δεν έπρεπε να υπερβαίνει τον ένα μήνα, και (γ) από ανθρώπους της ηλικίας μου έπρεπε να λαμβάνεται με μεγάλη προσοχή. Την εποχή στην οποία αναφέρομαι δεν έπαιρνα πλέον το Ativan, αλλά είχα εθιστεί στο Halcion, το οποίο ελάμβανα σε μεγάλες δόσεις. Δεν είναι παράλογο να πιστέψω πως αποτέλεσε επιπρόσθετο παράγοντα που συνέβαλε στην εκδήλωση της πάθησής μου. Αναμφίβολα, θα πρέπει ο κόσμος να το προσέξει.

Πάντως, οι λιγοστές ώρες ύπνου διακόπτονταν συνήθως στις τρεις ή τέσσερις τα ξημερώματα, και τότε κάρφωνα το βλέμμα στο διάχυτο

---

* Το αμερικανικό αντίστοιχο του Temesta ή του Tranxene. (Σ.τ.Μ.)

σκοτάδι, αναλογιζόμενος γεμάτος αγωνία τον αφανισμό του μυαλού μου, περιμένοντας την αυγή, οπότε κατόρθωνα συνήθως να εξασφαλίσω έναν ταραγμένο ύπνο δίχως όνειρα. Είμαι αρκετά βέβαιος ότι κατά τη διάρκεια μιας ανάλογης καταληπτικής κατάστασης αϋπνίας κατάλαβα –εν είδει αλλόκοτης και συγκλονιστικής αποκάλυψης, όπως συμβαίνει με ορισμένες επί μακρόν θαμμένες μεταφυσικές αλήθειες– ότι αν αυτή η κατάσταση συνεχιζόταν, θα μου στοίχιζε τη ζωή. Αυτό θα πρέπει να συνέβη ακριβώς πριν από το ταξίδι μου στο Παρίσι. Ο θάνατος, επαναλαμβάνω, ήταν πλέον μια καθημερινή παρουσία και φυσούσε καταπάνω μου την κρύα ανάσα του. Δεν είχα φανταστεί πώς ακριβώς θα ερχόταν το τέλος. Εν ολίγοις, εξακολουθούσα να αποδιώχνω την ιδέα της αυτοκτονίας. Όμως το ενδεχόμενο παραμόνευε, και δεν θα αργούσα να βρεθώ αντιμέτωπος μαζί του.

Αυτό που άρχιζα να ανακαλύπτω είναι ότι, κατά τρόπο μυστήριο και εντελώς ξένο προς τη συνήθη εμπειρία, η μουντή πάχνη του τρόμου που γεννά η κατάθλιψη αποκτά τη μορφή του σωματικού πόνου. Δεν πρόκειται ωστόσο για έναν πόνο άμεσα αναγνωρίσιμο, σαν τον πόνο ενός σπασμένου μέλους. Θα ήμουν πιο ακριβής αν έλεγα ότι εξαιτίας ενός άσχημου παιχνιδιού της συνείδησης εις βάρος του άρρωστου εγκεφάλου, η απελπισία μοιάζει εντέλει με τη διαβολεμένη δυσφορία που αισθανόμαστε όταν εγκλωβιστούμε σε υπερβολικά ζεστό χώρο. Και επειδή κανένα ρεύμα δεν αναδεύει τον αέρα σ' αυτό το καζάνι, επειδή δεν υπάρχει διέξοδος απ' αυτό το ασφυκτικό απομονωτήριο, είναι απολύτως φυσικό το θύμα να αρχίσει να σκέφτεται αδιάκοπα τη λήθη.

V

ΑΠΟ ΤΙΣ ΠΛΕΟΝ αξιομνημόνευτες στιγμές της *Μαντάμ Μποβαρύ* είναι η σκηνή κατά την οποία η ηρωίδα αναζητά τη βοήθεια του ιερέα του χωριού. Φορτωμένη ενοχές, αναστατωμένη, δυστυχισμένη και θλιμμένη, η Έμμα –που βαδίζει προς την αναπόφευκτη αυτοκτονία– πασχίζει αδέξια να πείσει τον αβά να τη βοηθήσει να ξεφύγει από τη δυστυχία της. Μα ο ιερέας, άνθρωπος απλός και όχι ιδιαίτερα ευφυής, είναι σε θέση μόνο να τινάζει τη σκόνη απ' το λεκιασμένο ράσο του, να φωνάζει μηχανικά στους βοηθούς του και να προσφέρει τετριμμένες χριστιανικές νουθεσίες. Η Έμμα συνεχίζει αθόρυβα την ξέφρενη πορεία της, μη βρίσκοντας καταφύγιο στον Θεό ούτε στον άνθρωπο.

Ένιωσα λίγο σαν την Έμμα Μποβαρύ, όσον αφορά τη σχέση μου με τον ψυχίατρο τον οποίο θα ονομάσω γιατρό Γκολντ. Οι επισκέψεις μου άρχισαν αμέσως μετά την επιστροφή μου από το

Παρίσι, όταν είχε αρχίσει το ανελέητο καθημερινό σφυροκόπημα της απελπισίας. Καθώς δεν είχα συμβουλευτεί ψυχοθεραπευτή στο παρελθόν, αισθανόμουν αμήχανος, και υιοθέτησα, μεταξύ άλλων, στάση ελαφρώς αμυντική· το ψυχικό μου άλγος είχε γίνει τόσο δυνατό, που θεωρούσα εντελώς απίθανο ότι η συζήτηση με οποιοδήποτε ανθρώπινο πλάσμα, έστω και ειδικευμένο στις ψυχικές διαταραχές, θα ανακούφιζε την οδύνη μου. Η μαντάμ Μποβαρύ επισκέφτηκε τον ιερέα διατηρώντας ανάλογες αμφιβολίες. Εντούτοις, η κοινωνία μας είναι έτσι διαρθρωμένη ώστε ο γιατρός Γκολντ, ή οποιοσδήποτε συνάδελφός του, να αποτελεί την αυθεντία στην οποία κατ' ανάγκη καταφεύγουμε σε περιπτώσεις κλονισμού της ψυχικής μας υγείας, και δεν είναι τόσο άσχημη ιδέα, μια και ο γιατρός Γκολντ –σπουδαγμένος στο Γέηλ, με υψηλά προσόντα– παρέχει τουλάχιστον ένα εστιακό σημείο προς το οποίο μπορούμε να κατευθύνουμε τη φθίνουσα ενεργητικότητά μας, προσφέρει παρηγοριά, αν και όχι ιδιαίτερη ελπίδα, και επί πενήντα πέντε λεπτά γίνεται ο αποδέκτης του ξεχειλίσματος της απόγνωσής μας, κάτι που ανακουφίζει επίσης τη σύζυγο του ασθενή. Ουδέποτε θα αμφισβητούσα τη δυνητική αποτελεσματικότητα της ψυχοθεραπείας, όταν η ασθένεια βρίσκεται ακόμα σε αρχικό στάδιο ή εκδηλώνεται σε ήπια μορφή – πιθανώς και όταν έχει περάσει πια η σοβαρή κρίση· όμως σε προχωρημένο στάδιο, όπως το δικό μου, δεν προσφέρει τίποτα απολύτως. Επισκέφτηκα τον γιατρό Γκολντ για έναν συγκεκριμένο λόγο· ήθελα να ζητήσω τη συνδρομή της φαρμακολογίας – καίτοι και αυτό, δυστυχώς, αποδείχτηκε ουτοπικό για έναν ασθενή που είχε κατέλθει στο έσχατο σημείο.

Με ρώτησε αν είχα τάσεις αυτοκτονίας, κάτι το οποίο παραδέχτηκα απρόθυμα. Δεν προχώρησα σε λεπτομέρειες –μια και δεν το έκρινα απαραίτητο–, δεν φανέρωσα ότι στην πραγματικότητα πολλά από τα αντικείμενα του σπιτιού μου είχαν μετατραπεί σε δυνητικά μέσα για να δώσω τέλος στη ζωή μου: τα δοκάρια της σοφίτας (και ένα-δυο σφεντάμια έξω στον κήπο) προσφέρονταν για να κρεμαστώ, στο γκαράζ μπορούσα να εισπνεύσω μονοξείδιο του άνθρακα, η μπανιέρα αποτελούσε δοχείο για να δεχτεί το αίμα από τις κομμένες αρτηρίες μου. Τα μαχαίρια στα συρτάρια της κουζίνας είχαν για μένα μία και μοναδική χρησιμότητα. Ο θάνατος από συγκοπή καρδιάς με προσήλκυε ιδιαίτερα, αφού θα με απήλλασσε από την ευθύνη της ενεργητικής συμμετοχής, και επιπλέον ερωτοτροπούσα με την ιδέα της ηθελημένης προσβολής από πνευμονία

– ύστερα από έναν μακρύ περίπατο με το πουκάμισο, μες στο κρύο, στο βροχερό δάσος. Δεν απέκλεια την περίπτωση ενός φαινομενικού δυστυχήματος, αλά Ράνταλ Τζάρρελ, οπότε θα ριχνόμουν στις ρόδες ενός φορτηγού στον γειτονικό αυτοκινητόδρομο. Οι εν λόγω σκέψεις μπορεί να φαντάζουν εξωφρενικές -σαν παρατραβηγμένο καλαμπούρι- αλλά είναι αληθινές. Ασφαλώς, φαντάζουν άκρως απωθητικές στους υγιείς Αμερικανούς που πιστεύουν στην υπέρβαση του εαυτού τους. Στην πραγματικότητα εντούτοις, αυτού του είδους οι ειδεχθείς φαντασιώσεις, που προκαλούν ρίγη στους υγιείς, για τον πάσχοντα από βαθιά κατάθλιψη αποτελούν το αντίστοιχο των φιλήδονων ονειροπολήσεων ατόμων με έντονη σεξουαλικότητα. Ο γιατρός Γκολντ κι εγώ συναντιόμασταν δυο φορές εβδομαδιαίως, όμως δεν είχα πολλά να του πω, πέρα από το να επιχειρήσω, ανώφελα, να περιγράψω την απελπισία μου.

Ούτε εκείνος ήταν σε θέση να μου πει κάτι σημαντικό για μένα. Οι τετριμμένες συμβουλές δεν ήταν, βέβαια, χριστιανικές, αλλά ήταν αποσπάσματα βγαλμένα απευθείας από τις σελίδες του *Diagnostic and Statistical Manual* της Αμερικανικής Ψυχιατρικής Εταιρείας (μεγάλο μέρος του οποίου είχα ήδη διαβάσει, όπως προανέφερα), και η ανακούφιση που μου πρόσφερε είχε τη μορφή ενός αντικαταθλιπτικού φάρμακου ονόματι Ludiomil. Το χάπι μού προκαλούσε εκνευρισμό και δυσάρεστη υπερκινητικότητα και, όταν ύστερα από δέκα ημέρες αύξησα τη δόση, μια νύχτα έφραξε ολότελα η κύστη μου για πολλές ώρες. Όταν ενημέρωσα τον γιατρό Γκολντ για το πρόβλημα, με συμβούλεψε να περιμένω δέκα ημέρες για να καθαρίσει ο οργανισμός, προτού μου χορηγήσει διαφορετικό φάρμακο. Για έναν άνθρωπο που υφίσταται αυτό το μαρτύριο, δέκα ημέρες είναι δέκα αιώνες – χωρίς να λάβουμε υπόψη το γεγονός πως, όταν χορηγείται καινούργιο χάπι, πρέπει να περάσουν κάμποσες εβδομάδες προτού δράσει αποτελεσματικά, κάτι για το οποίο, ούτως ή άλλως, δεν υπάρχει εγγύηση.

Αυτό φέρνει στην επιφάνεια το πρόβλημα των φαρμάκων γενικότερα. Είναι προς τιμήν της ψυχιατρικής το ότι συνεχίζει την προσπάθεια της αντιμετώπισης της κατάθλιψης με φάρμακα. Η χρήση του λίθιου για τη σταθεροποίηση της διάθεσης σε περιπτώσεις μανιοκαταθλιπτικών διαταραχών αποτελεί σημαντικό ιατρικό επίτευγμα· το ίδιο φάρμακο χρησιμοποιείται επίσης προληπτικά, με επιτυχία, σε πολλές περιπτώσεις μονοπολικής κατάθλιψης. Αναμφισβήτητα, σε αρκετές ήπιες περιπτώσεις και σε κάποιες χρόνιες μορφές της πάθησης (στις λεγόμενες ενδογενείς καταθλίψεις) τα φάρμακα έχουν αποδειχτεί πολύτιμα, καθώς συχνά μεταβάλλουν δραστικά την πορεία μιας σοβαρής διαταραχής. Για λόγους που δεν έχω ακόμα κατανοήσει, ούτε τα φάρμακα ούτε η ψυχοθεραπεία κατόρθωσαν να αναχαιτίσουν την πορεία μου προς την άβυσσο. Αν δεχτούμε τους ισχυρισμούς των ειδημόνων –μεταξύ των οποίων θα συμπεριλάβω τη γνώμη των γιατρών που έχω γνωρίσει προσωπικά και που μου εμπνέουν σεβασμό– η επιδείνωση της αρρώστιας μου με κατέταξε σε μια ιδιάζουσα μειοψηφία ασθενών, των οποίων η κατάσταση είναι σοβαρή και μη ελεγχόμενη. Παρ' αυτά, δεν θέλω να φανώ αρνητικός όσον αφορά την τελική επιτυχία της θεραπείας στις περισσότερες περιπτώσεις καταθλιπτικών διαταραχών. Ειδικά στα πρώιμα στάδια, η ασθένεια ανταποκρίνεται θετικά σε τεχνικές όπως η γνωστική θεραπεία –είτε χρησιμοποιείται μόνη είτε σε συνδυασμό με φάρμακα– και σε άλλες διαρκώς εξελισσόμενες ψυχιατρικές μεθόδους. Οι περισσότεροι ασθενείς, άλλωστε, δεν χρειάζεται να νοσηλευτούν και δεν αυτοκτονούν, ούτε αποπειρώνται να αυτοκτονήσουν. Όμως μέχρι την ημέρα που θα τελειοποιηθεί μια χημική ουσία ταχείας δράσης, οφείλουμε να διατηρούμε επιφυλάξεις σχετικά με τη φαρμακευτική θεραπεία των περιπτώσεων βαριάς κατάθλιψης. Η αδυναμία των φαρμάκων να δράσουν θετικά και γρήγορα -μειονέκτημα που αποτελεί πλέον γενικό κανόνα- είναι, τρόπον τινά, ανάλογη με την αδυναμία της πλειονότητας των φαρμάκων να αναχαιτίσουν τις σοβαρές βακτηριακές μολύνσεις, όταν ακόμα τα αντιβιοτικά δεν είχαν γίνει ειδικά φάρμακα. Και μπορεί να αποβεί εξίσου επικίνδυνη.

Ως εκ τούτου, δεν περίμενα πολλά από τις συναντήσεις μου με τον γιατρό Γκολντ. Στις επισκέψεις μου, συνεχίζαμε να ανταλλάσσουμε κοινοτοπίες, μόνο που εγώ μιλούσα πλέον τρεμουλιαστά, με παύσεις -αφού, ακολουθώντας το παράδειγμα του βαδίσματός μου, η ομιλία μου ατόνησε και κατέληξε να είναι το φωνητικό ανάλογο ενός ασταθούς βαδίσματος- και, αναμφιβόλως, εξίσου ανιαρά με αυτόν.

Παρά τις ακόμα αβέβαιες μεθόδους θεραπείας, η ψυχιατρική επιστήμη, σε αναλυτικό και φιλοσοφικό επίπεδο, έχει συμβάλει αισθητά στην κατανόηση της προέλευσης της κατάθλιψης. Είναι προφανές ότι έχουμε πολλά να μάθουμε (και πάρα πολλά, αναντίρρητα, θα παραμείνουν άλυτο μυστήριο, εξαιτίας της ιδιοπαθούς φύσης της ασθένειας, της διαρκούς εναλλαξιμότητας των παραγόντων), όμως έχει εντοπιστεί με βεβαιότητα ένα χαρακτηριστικό στοιχείο·

πρόκειται για το αίσθημα της απώλειας. Η απώλεια, όπως κι αν εκδηλώνεται, αποτελεί τη λυδία λίθο της κατάθλιψης –όσον αφορά την εξέλιξη και, κατά πάσαν πιθανότητα, την προέλευση της νόσου. Μελλοντικά, επρόκειτο να πειστώ σταδιακά ότι πιθανή γενεσιουργός αιτία της διαταραχής μου στάθηκε μια ολέθρια απώλεια κατά την παιδική ηλικία· εν τω μεταξύ, καθώς παρακολουθούσα τη φθίνουσα πορεία της κατάστασής μου, βίωνα ένα μόνιμο αίσθημα απώλειας. Η απώλεια του αυτοσεβασμού είναι γνωστότατο σύμπτωμα, κι εγώ είχα χάσει κάθε αυτεπίγνωση, καθώς και την εμπιστοσύνη στον εαυτό μου. Αυτή η απώλεια μπορεί γρήγορα να εκφυλιστεί σε εξάρτηση, κι από εξάρτηση σε παιδιάστικο φόβο. Τρέμει κανείς κάθε απώλεια, την απώλεια όλων των κοντινών, προσφιλών του προσώπων. Κυριεύεται από τον έντονο φόβο της εγκατάλειψης. Η προοπτική του να μείνω στο σπίτι μόνος, έστω και για μια στιγμή, μου προκαλούσε τρομακτικό πανικό και ταραχή.

Η πιο αλλόκοτη και ενοχλητική εικόνα που θυμάμαι από εκείνη την περίοδο παραμένει η εικόνα του εαυτού μου, σε ηλικία τεσσεράμισι ετών, να διασχίζω ένα κατάστημα κολλημένος πίσω από την υπομονετική σύζυγό μου· δεν άφηνα από τα μάτια μου ούτε λεπτό αυτή τη γυναίκα με την ανεξάντλητη αντοχή, η οποία εκτελούσε χρέη νταντάς, μαμάς, παρηγορήτρας, ιέρειας και, το σπουδαιότερο, εξομολογήτριάς μου – μια σύμβουλος που ήταν για μένα σύμβολο σταθερότητας και που η σοφία της ξεπερνούσε κατά πολύ εκείνη του γιατρού Γκολντ. Τολμώ να υποστηρίξω ότι πολλές καταστροφικές συνέπειες της κατάθλιψης θα μπορούσαν να αποφευχθούν αν οι πάσχοντες είχαν την υποστήριξη που η Ρόουζ μου πρόσφερε. Εν τω μεταξύ, ωστόσο, το αίσθημα της απώλειας βάθαινε και πολλαπλασιαζόταν. Αναμφίβολα, καθώς πλησιάζει κανείς τα προτελευταία στάδια της κατάθλιψης –ακριβώς, δηλαδή, προτού αρχίσει να οργανώνει την αυτοκτονία του και όχι απλώς να τη σκέφτεται– το οξύ αίσθημα της απώλειας συνδέεται με την επίγνωση ότι η ζωή γλιστράει μέσ' απ' τα χέρια του με ολοένα αυξανόμενη ταχύτητα. Προσκολλάται τότε μανιωδώς σε διάφορα πράγματα. Πράγματα γελοία –τα γυαλιά της πρεσβυωπίας, ένα μαντίλι, ένα ορισμένο όργανο γραφής– έγιναν αντικείμενα της παράφρονης κτητικότητάς μου. Κάθε πρόσκαιρη αλλαγή θέσης μού προκαλούσε ξέφρενο τρόμο, καθώς κάθε αντικείμενο αποτελούσε χειροπιαστή υπενθύμιση ενός κόσμου που σύντομα θα χανόταν.

Ο Νοέμβριος κυλούσε, μουντός και κρύος. Μια

Κυριακή, κατέφθασε ένας φωτογράφος με τους βοηθούς του, προκειμένου να τραβήξουν φωτογραφίες για ένα άρθρο που θα δημοσιευόταν σε περιοδικό ευρείας κυκλοφορίας. Δεν θυμάμαι πολλά πράγματα από τη συνάντηση, πέραν του ότι έξω έπεφταν οι πρώτες νιφάδες του χειμώνα. Πίστευα ότι συμμορφώθηκα με την παράκληση του φωτογράφου να χαμογελώ περισσότερο. Μιαδυο μέρες αργότερα, τηλεφώνησε στη γυναίκα μου ο αρχισυντάκτης του περιοδικού, ρωτώντας αν μπορούσα να ξαναποζάρω. Εξήγησε ότι στις φωτογραφίες, ακόμα και σε όσες χαμογελούσα, έδειχνα «υπερβολικά αγχωμένος».

Είχα φτάσει πλέον στη φάση της διαταραχής όπου σβήνει η ελπίδα, καθώς και η ιδέα ενός μέλλοντος· παγιδευμένος μέσα στις ανεξέλεγκτες ορμόνες του, λεπτό το λεπτό, ο εγκέφαλός μου έπαυε να αποτελεί όργανο σκέψης και μετατρεπόταν σε εργαλείο που κατέγραφε αργά τις διαβαθμίσεις της έντασης του πόνου του. Τώρα πια ήταν δύσκολα και τα πρωινά μου, καθώς περιπλανιόμουν άσκοπα, σαν υπνωτισμένος, έχοντας ξυπνήσει από τον τεχνητό ύπνο μου, αλλά η κατάστασή μου εξακολουθούσε να χειροτερεύει τα απογεύματα, αρχίζοντας κατά τις τρεις, οπότε ο τρόμος έπεφτε πάνω μου σαν πυκνή τοξική ομίχλη, κατακλύζοντας το μυαλό μου, και με έστελνε στο κρεβάτι. Έμενα ξαπλωμένος, συχνά ίσαμε έξι ώρες, καταβεβλημένος, παράλυτος ουσιαστικά, ατενίζοντας την οροφή, περιμένοντας το βράδυ, οπότε κάποια στιγμή, με τρόπο μυστηριώδη, το μαρτύριο μαλάκωνε ανεπαίσθητα, τόσο ώστε να μου επιτρέψει να φάω κάτι με το ζόρι και εν συνεχεία, σαν αυτόματο, να αναζητήσω εκ νέου μια-δυο ώρες ύπνου. Γιατί δεν έμπαινα σε νοσοκομείο;

VI

ΕΠΙ ΧΡΟΝΙΑ διατηρούσα ένα σημειωματάριο –όχι ημερολόγιο με την αυστηρή έννοια του όρου, αφού οι σημειώσεις ήταν ακατάστατες, γραμμένες τυχαία, χωρίς σύστημα–, του οποίου το περιεχόμενο δεν προοριζόταν για άλλα μάτια πέραν των δικών μου. Το είχα κρύψει στο σπίτι μου σε σίγουρο μέρος. Δεν υπονοώ ότι περιείχε σκανδαλώδεις πληροφορίες· οι παρατηρήσεις δεν ήταν διόλου πρόστυχες ούτε δυσάρεστες ούτε αποκαλυπτικές για το άτομό μου, όπως θα υπέθετε κάποιος εξαιτίας της επιθυμίας μου να το κρατήσω μυστικό. Παραταύτα, είχα την πρόθεση να χρησιμοποιήσω το τετραδιάκι στη δουλειά μου και κατόπιν να το καταστρέψω, προτού έρθει ο καιρός που το φάσμα του γηροκομείου δεν θα ήταν τόσο μακρινό. Όπως, λοιπόν, η κατάστασή μου χειροτέρευε, αντιλήφθηκα ελαφρώς ταραγμένος πως, αν κάποτε αποφάσιζα να ξεφορτωθώ το σημειωματάριο, την ίδια στιγμή θα αποφάσιζα να θέσω τέλος στη ζωή μου. Κι ένα βράδυ, στις αρχές Δεκεμβρίου, η στιγμή έφτασε.

Εκείνο το απόγευμα, με είχαν μεταφέρει (εγώ δεν ήμουν πλέον σε θέση να οδηγώ) στο ιατρείο του γιατρού Γκολντ, όπου μου ανήγγειλε πως αποφάσισε να μου χορηγήσει το αντικαταθλιπτικό Nardil, ένα παλιότερο φάρμακο που είχε το πλεονέκτημα να μην προκαλεί κατακράτηση ούρων, όπως τα άλλα δύο που μου χορήγησε. Εντούτοις υπήρχαν μειονεκτήματα. Η δράση του Nardil θα ξεκινούσε πιθανώς σε τέσσερις ως έξι εβδομάδες –όταν το άκουσα, δεν πίστευα στ' αυτιά μου– και θα χρειαζόταν να τεθούν ορισμένοι περιορισμοί στη δίαιτά μου, ευτυχώς μάλλον επικούρειοι (απαγορευόταν το λουκάνικο, το τυρί, το πατέ από συκώτι χήνας), προκειμένου να αποφύγω ένα πρόβλημα ενζύμων που μπορούσε να προκαλέσει εγκεφαλικό επεισόδιο. Συν τοις άλλοις, πρόσθεσε με απάθεια ο γιατρός Γκολντ, η επιθυμητή δόση του φαρμάκου ενδέχετο να προκαλέσει ανικανότητα. Μέχρι τότε, μολονότι δεν μου πολυάρεσε ο χαρακτήρας του, δεν αμφέβαλλα για την οξυδέρκειά του· τώρα πια δεν ήμουν τόσο βέβαιος. Τοποθετώντας τον εαυτό μου στη θέση του γιατρού Γκολντ, αναρωτήθηκα αν πίστευε σοβαρά ότι αυτό το άψυχο και ρημαγμένο, ημιανάπηρο πλάσμα, που έσερνε τα βήματα ξεφυσώντας σαν γέρος, ξυπνούσε κάθε πρωί από τον ύπνο που του εξασφάλιζε το Halcion με κέφι για σαρκικές απολαύσεις.

Εκείνη την ημέρα, η συνάντησή μας είχε κάτι που με κατέβαλε· αναχώρησα για το σπίτι σε άθλια κατάσταση και ετοιμάστηκα για τη βραδιά. Περιμέναμε καλεσμένους για φαγητό – προοπτική που ούτε με φόβιζε ούτε με ευχαριστούσε, κι αυτό από μόνο του (τουτέστιν, η αδιαφορία και η απάθειά μου) αποκαλύπτει μια συναρπαστική πλευρά της παθολογίας της κατάθλιψης. Δεν σχετίζεται με τον γνώριμο ουδό του πόνου αλλά με ένα παράλληλο φαινόμενο, την πιθανή ανικανότητα της ψυχής να απορροφήσει τον πόνο πέρα από τα προβλέψιμα χρονικά όρια. Στο πλαίσιο της εμπειρίας του πόνου υφίσταται ένα σημείο όπου η βεβαιότητα της επερχόμενης ανακούφισης εξασφαλίζει υπεράνθρωπη αντοχή. Μαθαίνουμε να ζούμε με τον πόνο, με διάφορους βαθμούς πόνου, από τη μια μέρα στην άλλη, ή και για μεγαλύτερα διαστήματα και, ευτυχώς, τις περισσότερες φορές επέρχεται η ανακούφιση. Όταν υφιστάμεθα ισχυρό σωματικό πόνο, η εξαρτημένη μάθηση μας έχει διδάξει, από την παιδική ηλικία, να προσαρμοζόμαστε στις απαιτήσεις του πόνου – να τον δεχόμαστε, είτε θαρραλέα είτε γογγύζοντας και διαμαρτυρόμενοι, ανάλογα με το βαθμό στωικότητας του καθενός μας, αλλά, ούτως ή άλλως, να τον δεχόμαστε. Αν εξαιρέσουμε τον αμείωτο πόνο στο τελικό στάδιο μιας αρρώστιας, σχεδόν πάντα υπάρχει κάποιας λογής ανακούφιση· περιμένουμε με αδημονία το ξαλάφρωμα που θα φέρει ο ύπνος ή το Tylenol ή η αυτοΰπνωση ή η αλλαγή θέσης ή, συχνότερα, η ικανότητα αυτοΐασης του οργανισμού, και δεχόμαστε τούτη την επικείμενη ανάπαυλα ως φυσική ανταμοιβή, επειδή αντιμετωπίσαμε την πρόσκαιρη δοκιμασία μας με υπακοή και γενναιότητα και, κατά βάθος, με κέφι και αισιοδοξία.

Στην κατάθλιψη, η εν λόγω ελπίδα για απαλλαγή, για απόλυτη ανάρρωση, απουσιάζει. Ο πόνος είναι ανυποχώρητος, κι αυτό που καθιστά την κατάσταση αφόρητη είναι ότι δεν προβλέπεται γιατρειά – σε μια μέρα, σε μια ώρα, σ' ένα μήνα ή σ' ένα λεπτό. Αν επέλθει μια ελαφρά ανακούφιση, γνωρίζουμε πως είναι μόνο προσωρινή· ο πόνος θα δυναμώσει. Η απουσία ελπίδας συντρίβει την ψυχή περισσότερο κι από τον πόνο. Κατά συνέπεια, οι αποφάσεις για τα καθημερινά ζητήματα δεν σχετίζονται, όπως κάτω από κανονικές συνθήκες, με τη μετάβαση από μια ενοχλητική κατάσταση σε μια άλλη λιγότερο οχληρή –ή από τη δυσφορία στη σχετική ανακούφιση, ή από την πλήξη στη δράση– αλλά με τη μετάβαση από πόνο σε πόνο. Δεν εγκαταλείπουμε, έστω και φευγαλέα, το κρεβάτι του μαρτυρίου, αλλά το σέρνουμε μαζί όπου κι αν βρεθούμε. Κι αυτό έχει ως αποτέλεσμα μια παράξενη εμπειρία – την οποία έχω βαφτίσει, δανειζόμενος από τη στρατιωτική ορολογία, «κατάσταση του βαδίζοντος τραυματία πολέμου». Κατ' ουσίαν, σε όλες τις υπόλοιπες σοβαρές αρρώστιες, ο ασθενής που θα αισθανόταν ανάλογη εξάντληση θα ήταν κλινήρης, πιθανώς υπό την επήρεια ηρεμιστικών και συνδεδεμένος με σωληνάκια και καλώδια, ή στην καλύτερη περίπτωση θα αναπαυόταν κάπου ήσυχος και απομονωμένος. Η ανικανότητά του εξαιτίας της χρόνιας ασθένειάς του θα θεωρούνταν δεδομένη, αναμφισβήτητη, και θα τον αντιμετώπιζαν με φροντίδα και σεβασμό. Εντούτοις, ο πάσχων από κατάθλιψη δεν έχει αυτή την επιλογή, με αποτέλεσμα να περιφέρεται σαν «βαδίζων τραυματίας πολέμου», εγκλωβισμένος σε αφόρητες κοινωνικές και οικογενειακές καταστάσεις. Είναι υποχρεωμένος, παρά το άγχος που κατατρώει τον εγκέφαλό του, να παρουσιάζεται με το πρόσωπο του καθημερινού ανθρώπου, ένα πρόσωπο φυσιολογικό και συντροφικό. Είναι υποχρεωμένος να προσπαθήσει να αερολογεί και να απαντά σε ερωτήσεις, να γνέφει καταφατικά με ύφος περισπούδαστο και να συνοφρυώνεται, ακόμα και να χαμογελάει, ο δυστυχής. Όμως η προσπάθεια να αρθρώσει μερικές απλές λέξεις αποτελεί επίπονη δοκιμασία.

Εκείνο το βράδυ του Δεκεμβρίου, επί παραδείγματι, θα μπορούσα να μείνω ως συνήθως στο κρεβάτι κατά το διάστημα των χειρότερων ωρών, ή να παρευρεθώ στο δείπνο που είχε οργανώσει η γυναίκα μου στο ισόγειο του σπιτιού. Μα αυτή καθ' εαυτή η ιδέα μιας απόφασης ήταν θεωρητική. Και τα δύο ενδεχόμενα ήταν για μένα μαρτυρικά, και επέλεξα το δείπνο όχι για συγκεκριμένο λόγο, αλλά από αδιαφορία απέναντι σε κάτι που, όπως ήξερα, θα ήταν μια σειρά δοκιμασίες βουτηγμένες σε μια καταχνιά τρόμου. Στο δείπνο μετά βίας άνοιγα το στόμα, αλλά οι τέσσερις προσκεκλημένοι, όλοι στενοί φίλοι, γνώριζαν την κατάστασή μου και αγνόησαν διακριτικά την κατατονική σιωπή. Εν συνεχεία, μετά το φαγητό, καθώς ήμουν καθισμένος στο σαλόνι, βίωσα μια παράξενη εσωτερική βίαιη διαταραχή, την οποία μπορώ μόνο να περιγράψω ως απελπισία πέρα από την απελπισία. Ξεπρόβαλε μέσα από την παγωμένη νύχτα· μου ήταν αδύνατον να πιστέψω πως θα μπορούσε κανείς να νιώσει τέτοια αγωνία.

Ενόσω οι φίλοι μου κουβέντιαζαν ήσυχα μπροστά στο τζάκι, ζήτησα συγγνώμη και ανέβηκα στο πάνω πάτωμα, όπου έβγαλα το σημειωματάριό μου από την ειδική κρυψώνα. Ύστερα πήγα στην κουζίνα και με πλήρη πνευματική διαύγεια –τη διαύγεια του ανθρώπου που γνωρίζει ότι εκτελεί επίσημη τελετουργία– παρατήρησα όλες τις λεζάντες με τις μάρκες των πολυδιαφημισμένων προϊόντων, τα οποία άρχισα να συγκεντρώνω προκειμένου να ξεφορτωθώ το σημειωματάριο: το καινούργιο ρολό των χαρτοπετσετών Viva που άνοιξα για να τυλίξω το τετράδιο, την κολλητική ταινία Scotch-brand με την οποία έκλεισα το περιτύλιγμα, το άδειο κουτί δημητριακών Post Raisin Bran μέσα στο οποίο τοποθέτησα το πακέτο, προτού το μεταφέρω έξω για να το παραχώσω στο βάθος του σκουπιδοτενεκέ, που θα άδειαζε το επόμενο πρωί. Η φωτιά θα το κατέστρεφε ταχύτερα, αλλά η ρίψη στα σκουπίδια απηχούσε μια μορφή εκμηδενισμού του εαυτού μου, που εναρμονιζόταν, όπως συμβαίνει πάντα, με τον αυτοεξευτελισμό που ανθεί στο γόνιμο έδαφος της μελαγχολίας. Ένιωσα την καρδιά μου να χτυπά ξέφρενα, όπως η καρδιά του ανθρώπου που βρίσκεται αντιμέτωπος με το εκτελεστικό απόσπασμα, και κατάλαβα ότι είχα λάβει μια αμετάκλητη απόφαση.

Πολλοί άνθρωποι που πάσχουν από βαριά κατάθλιψη αντιλαμβάνονται το εξής φαινόμενο· αισθάνονται ότι τους συνοδεύει ένας δεύτερος εαυτός – ένας άυλος παρατηρητής, ο οποίος, απαλλαγμένος από την παραφροσύνη του σωσία του, είναι σε θέση να παρακολουθεί με ασυγκίνητη περιέργεια την πάλη του συντρόφου του εναντίον της επερχόμενης καταστροφής ή την απόφασή του να καταθέσει τα όπλα. Όλα αυτά έχουν μια θεατρική ατμόσφαιρα και κατά τις επόμενες ημέρες, καθώς προετοίμαζα με απάθεια την εξόντωσή μου, αδυνατούσα να απαλλαγώ από μια αίσθηση μελοδράματος – ενός μελοδράματος στο οποίο εγώ, δυνητικό θύμα του εκούσιου φόνου μου, ήμουν συγχρόνως ο μόνος ηθοποιός και ο μοναδικός θεατής. Δεν είχα επιλέξει ακόμα τον τρόπο της αναχώρησής μου, όμως ήξερα πως αυτό θα ήταν το επόμενο βήμα, αναπόδραστο, σαν τον ερχομό της νύχτας, και πως δεν θα αργούσε.

Παρατηρούσα τον εαυτό μου τρομαγμένος και μαγεμένος συγχρόνως, καθώς ξεκινούσα τις απαραίτητες προετοιμασίες· επισκέφτηκα τον δικηγόρο μου στη γειτονική πόλη –με την πρόθεση να ξαναγράψω τη διαθήκη μου– και δύο απογεύματα, για μερικές ώρες, κατέβαλα σπασμωδικές προσπάθειες να προσφέρω στους μεταγενέστερους μια αποχαιρετιστήρια επιστολή. Η σύνταξη σημειώματος από έναν υποψήφιο αυτόχειρα, κάτι που μου είχε γίνει έμμονη ιδέα, αποδείχτηκε ο δυσκολότερος συγγραφικός άθλος της ζωής μου. Ήταν υπερβολικά πολλοί οι άνθρωποι τους οποίους έπρεπε να χαιρετήσω, να ευχαριστήσω, να προσφέρω τις ύστατες φιλοφρονήσεις. Τέλος, μου ήταν αδύνατον να πετύχω την πένθιμη επισημότητα του πράγματος· έβρισκα κάτι το αποκρουστικό, κάτι που άγγιζε τα όρια του κωμικού, στη μεγαλοστομία σχολίων του τύπου: «Εδώ και αρκετό καιρό ανιχνεύω στο έργο μου μια αυξανόμενη ψύχωση, η οποία αναμφίβολα αντανακλά την ψυχωτική ροπή που στιγματίζει τη ζωή μου» (είναι μια από τις ελάχιστες φράσεις που θυμάμαι κατά λέξη), καθώς και κάτι το εξευτελιστικό στην προοπτική μιας διαθήκης, στην οποία επιθυμούσα να ενσταλάξω ψήγματα αξιοπρέπειας και ευφράδειας, αλλά που εντέλει κατάντησε ένα ξεψυχισμένο τραύλισμα ανεπαρκών απολογιών και υστερόβουλων εξηγήσεων. Θα 'ταν προτιμότερο να έπαιρνα ως παράδειγμα τη δηκτική δήλωση του ιταλού συγγραφέα Τσέζαρε Παβέζε, ο οποίος, προτού αναχωρήσει, έγραψε απλώς: «Φτάνουν οι λέξεις. Πράξη. Δεν θα ξαναγράψω».

Όμως ακόμα και οι λίγες λέξεις μου φαίνονταν πια υπερβολικά σχοινοτενείς κι έτσι έσκισα όλα τα προϊόντα των προσπαθειών μου, αποφασίζοντας να φύγω σιωπηλά. Αργά μια νύχτα με τσουχτερό κρύο, βέβαιος πλέον πως μου ήταν αδύνατον να βγάλω την επόμενη μέρα, κάθισα στο σαλόνι του σπιτιού κουκουλωμένος για να προστατευτώ απ' την παγωνιά· είχε βλάβη ο καυστήρας. Η γυναίκα μου είχε πλαγιάσει, κι εγώ πίεσα τον εαυτό μου να παρακολουθήσω τη βιντεοταινία στην οποία έπαιζε έναν μικρό ρόλο μια νεαρή ηθοποιός που είχε συμμετάσχει σε ένα θεατρικό έργο μου. Κάποια στιγμή στην ταινία, της οποίας η υπόθεση εκτυλισσόταν στη Βοστόνη στα τέλη του δέκατου ένατου αιώνα, τα πρόσωπα διέσχιζαν το διάδρομο ενός ωδείου, ενώ πίσω από τους τοίχους, ανάμεσα στους ήχους μιας ομάδας αθέατων μουσικών, ξεχώρισε μια φωνή κοντράλτο, ένα μέρος από την *Alto Rhapsody* του Μπραμς, που υψώθηκε απότομα στον αέρα.

Αυτός ο ήχος, ο οποίος όπως κάθε είδους μουσική –ουσιαστικά, όπως καθετί ευχάριστο– με άφηνε αδιάφορο μέσα στην πολύμηνη χαύνωσή μου, διαπέρασε σαν μαχαίρι την καρδιά μου, και πλημμυρισμένος άξαφνα από απανωτές αναμνήσεις συλλογίστηκα όλες τις χαρές που γνώρισε το σπίτι· τα παιδιά που μπαινόβγαιναν τρέχοντας στα δωμάτια, τις γιορτές, την αγάπη και τη δουλειά, τον άξια κερδισμένο ύπνο, τις φωνές και τη χαρούμενη ανακατωσούρα, την ατέλειωτη διαδοχή γατιών και σκυλιών και πουλιών, «γέλιο και δύναμη και αναστεναγμό / και φορέματα και μπούκλες». Κατάλαβα πως δεν άντεχα να παραιτηθώ από όλα αυτά, πως δεν άντεχα να προξενήσω τόσο μεγάλο πλήγμα σε όλες αυτές τις αναμνήσεις, ούτε στους τόσο κοντινούς μου ανθρώπους με τους οποίους συνδέονταν. Και με την ίδια ένταση συνειδητοποίησα πως δεν μπορούσα να διαπράξω αυτή τη βεβήλωση προς τον εαυτό μου. Αρπάχτηκα από την τελευταία αναλαμπή της πνευματικής μου διαύγειας, προκειμένου να αναλογιστώ τις εφιαλτικές διαστάσεις του θανάσιμου διλήμματος του οποίου ήμουν δέσμιος. Ξύπνησα τη γυναίκα μου και αμέσως έγιναν τα απαραίτητα τηλεφωνήματα. Την επομένη μπήκα στο νοσοκομείο.

VII

Ο ΓΙΑΤΡΟΣ ΓΚΟΛΝΤ, με την ιδιότητα του θεράποντος ιατρού μου, κλήθηκε να κανονίσει την εισαγωγή μου στο νοσοκομείο. Το περίεργο είναι ότι σε μια-δυο από τις συναντήσεις μας (και αφού είχα θίξει κάπως διστακτικά το ενδεχόμενο της νοσηλείας μου σε νοσοκομείο) ο ίδιος μου συνέστησε να προσπαθήσω να αποφύγω το νοσοκομείο πάση θυσία, για να μην στιγματιστώ. Ένα τέτοιου είδους σχόλιο φαινόταν τότε, όπως και σήμερα, εξαιρετικά ατυχές· είχα την εντύπωση ότι η ψυχιατρική είχε προοδεύσει τόσο ώστε να ξεπεράσει το στάδιο όπου η κάθε είδους ψυχική ασθένεια, πόσο μάλλον η εισαγωγή σε κλινική, αποτελούσε στίγμα. Το εν λόγω καταφύγιο, μολονότι δεν είναι ευχάριστο μέρος, είναι μια λύση στην οποία καταφεύγουν ακόμα και σήμερα οι ασθενείς, όταν τα φάρμακα αποδεικνύονται, όπως στην περίπτωσή μου, αναποτελεσματικά, η δε παρεχόμενη θεραπεία θα μπορούσε να θεωρηθεί συνέχεια, σε διαφορετικό περιβάλλον, της ψυχοθεραπείας που ξεκινά σε ιατρεία σαν του δόκτορα Γκολντ.

Φυσικά, είναι αδύνατον να γνωρίζω ποια θα ήταν η προσέγγιση ενός άλλου γιατρού, αν θα διαφωνούσε κι αυτός με τη λύση του νοσοκομείου. Πολλοί ψυχίατροι μοιάζουν ανίκανοι να αντιληφθούν το χαρακτήρα και το βάθος του άγχους το οποίο υφίστανται οι ασθενείς τους, και επιμένουν πεισματικά στον προσανατολισμό τους στα φαρμακευτικά προϊόντα, πιστεύοντας ότι εντέλει τα χάπια θα δράσουν, ότι ο οργανισμός θα αντιδράσει θετικά, κι έτσι ο ασθενής θα αποφύγει το ζοφερό νοσοκομειακό περιβάλλον. Είναι φανερό ότι ο γιατρός Γκολντ ανήκε σ' αυτήν την κατηγορία, αλλά στην περίπτωσή μου έπεσε έξω· είμαι πεπεισμένος ότι έπρεπε να είχα εισαχθεί στο νοσοκομείο αρκετές εβδομάδες νωρίτερα. Καθόσον, πράγματι, το νοσοκομείο ήταν η σωτηρία μου, και είναι κάπως παράδοξο το γεγονός ότι σ' αυτό το αυστηρό περιβάλλον με τις αμπαρωμένες και θωρακισμένες πόρτες και τους μελαγχολικούς πράσινους διαδρόμους –με τα ασθενοφόρα να ουρλιάζουν νύχτα-μέρα δέκα πατώματα χαμηλότερα– εγώ ηρέμησα, κόπασε η θύελλα του μυαλού μου, κάτι που δεν κατάφερα να πετύχω στο ήσυχο αγρόκτημά μου.

Αυτό οφείλεται εν μέρει στην απομόνωση, στην ασφάλεια, στη μεταφορά του ασθενή σ' έναν κόσμο όπου η τάση του να αρπάξει ένα μαχαίρι και να το χώσει στο στήθος του υποχωρεί, χάρη στη διαπίστωση, που γρήγορα γίνεται αντιληπτή ακόμα και από το σκοτισμένο μυαλό του καταθλιπτικού, ότι το μαχαίρι με το οποίο επιχειρεί να κόψει το άθλιο μαγειρευτό κρέας του είναι από εύκαμπτο πλαστικό. Το νοσοκομείο προσφέρει επιπλέον το ήπιο, παράξενα ευχάριστο πλήγμα μιας απότομης σταθεροποίησης – ο ασθενής μεταφέρεται από το υπερβολικά οικείο περιβάλλον του σπιτιού, όπου καθετί του προκαλεί άγχος και αναστάτωση, σε μια φιλική φυλακή, όπου το μοναδικό καθήκον του είναι να προσπαθήσει να γίνει καλά. Για μένα, οι αληθινοί γιατροί ήταν η απομόνωση και ο χρόνος.

VIII

ΤΟ ΝΟΣΟΚΟΜΕΙΟ ήταν ένας σταθμός, ένα καθαρτήριο. Όταν έγινε η εισαγωγή, η κατάθλιψή μου φαινόταν τόσο προχωρημένη ώστε, κατά τη γνώμη των γιατρών, ήμουν υποψήφιος για ECT – θεραπεία με ηλεκτροσόκ, όπως είναι ευρύτερα γνωστή. Σε πολλές περιπτώσεις αποτελεί αποτελεσματική μέθοδο –βελτιώθηκε, ανέκτησε την αξιοπιστία της και επανήλθε στο προσκήνιο, έχοντας απαλλαγεί από την ανυποληψία που οφειλόταν στη μεσαιωνική βαρβαρότητά της–, ωστόσο είναι σαφώς μια ακραία διαδικασία την οποία είναι φυσικό να θέλουμε να αποφύγουμε. Εγώ την απέφυγα, επειδή άρχισα να συνέρχομαι, αργά αλλά σταθερά. Με έκπληξη διαπίστωσα πως τα αυτοκαταστροφικά οράματα εξαφανίστηκαν παντελώς λίγες μέρες μετά την εισαγωγή μου, επιπρόσθετη απόδειξη της κατευναστικής επίδρασης που μπορεί να ασκήσει το νοσοκομείο, της άμεσης αξίας του ως καταφύγιου όπου το πνεύμα ενδέχεται να ξαναβρεί τη γαλήνη.

Οφείλω, εντούτοις, να μεταφέρω μια τελευταία προειδοποίηση όσον αφορά το Halcion. Είμαι πεπεισμένος ότι το εν λόγω ηρεμιστικό ενίσχυσε σε αφόρητο βαθμό την τάση για αυτοκτονία που με διακατείχε πριν από τη νοσοκομειακή μου περίθαλψη. Η μαρτυρία στην οποία στηρίζω τη βεβαιότητά μου προέρχεται από τη συζήτησή μου μ' έναν ψυχίατρο του νοσοκομείου, λίγες μόνο ώρες μετά την εισαγωγή μου. Με ρώτησε τι έπαιρνα για να κοιμηθώ, και σε ποια δόση· Halcion των 0,75 mg, αποκρίθηκα· μονομιάς, το πρόσωπό του συνοφρυώθηκε, και με πληροφόρησε με ύφος κατηγορηματικό ότι η δόση ήταν τρεις φορές μεγαλύτερη από τη συνιστώμενη για το συγκεκριμένο υπνωτικό, δόση που αντενδείκνυται προπάντων σε άτομα της ηλικίας μου. Το αντικατέστησαν αμέσως με το Dalmate, ένα συγγενές υπνωτικό με δράση μεγαλύτερης διάρκειας, το οποίο αποδείχτηκε τουλάχιστον εξίσου αποτελεσματικό με το Halcion στο θέμα του ύπνου· μα το σημαντικότερο είναι ότι, λίγο καιρό μετά την αλλαγή, οι αυτοκτονικές μου τάσεις περιορίστηκαν και κατόπιν εξαφανίστηκαν.

Εσχάτως, έχει συγκεντρωθεί πληθώρα ενδείξεων ότι το Halcion (η χημική ονομασία του οποίου είναι τριαζολάμη) ενοχοποιείται για την εμφάνιση αυτοκτονικών τάσεων και άλλων διανοητικών διαταραχών σε άτομα επιρρεπή. Εξαιτίας αυτών των παρενεργειών το Halcion έχει απαγορευτεί στην Ολλανδία, και θα έπρεπε και στη χώρα μας η χρήση του να ελέγχεται με μεγαλύτερη προσοχή. Απ' όσο θυμάμαι, ο γιατρός Γκολντ δεν διατηρούσε επιφυλάξεις για την ισχυρότατη δόση που έπαιρνα εν γνώσει του· προφανώς δεν είχε διαβάσει τη σχετική προειδοποίηση στο *Physicians' Desk Reference*. Μολονότι ήταν απερισκεψία μου να παίρνω τόσο μεγάλη δόση, το αποδίδω στις αστόχαστες διαβεβαιώσεις ενός επιπόλαιου γιατρού πριν από μερικά χρόνια, όταν ξεκίνησα το Ativan, ο οποίος μου συνέστησε να παίρνω ελεύθερα, κατά βούληση, όσα δισκία επιθυμούσα. Ανατριχιάζει κανείς όταν σκέφτεται τη βλάβη που ενδέχεται να προκαλεί σε ασθενείς σε ολόκληρο τον κόσμο η ασυλλόγιστη χορήγηση αυτών των δυνητικά επικίνδυνων ηρεμιστικών. Στην περίπτωσή μου, φυσικά, το Halcion δεν ήταν ο μοναδικός φταίχτης –κατευθυνόμουν ολοταχώς προς την άβυσσο–, όμως πιστεύω ότι, αν δεν το έπαιρνα, ίσως να μην έφτανα σε τόσο προχωρημένο στάδιο.

Στο νοσοκομείο έμεινα σχεδόν επτά εβδομάδες. Εννοείται ότι δεν ανταποκρίνονται απαραίτητα όλοι οι ασθενείς όπως εγώ· η κατάθλιψη, σε αυτό πρέπει να επιμείνουμε, παρουσιάζει τόσο ποικίλες όψεις, με τόσο λεπτές διαφορές μεταξύ τους –εξαρτάται, εν ολίγοις, σε τέτοιο βαθμό από ατομικά αίτια και αντιδράσεις–, ώστε αυτό που αποτελεί πανάκεια για τον έναν ίσως είναι παγίδα για τον άλλον. Αναμφίβολα ωστόσο, θα ήταν ευχής έργον το νοσοκομείο (αναφέρομαι, όπως είναι ευνόητο, στα πολλά καλά ιδρύματα) να απαλλαγεί από τη δυσοίωνη φήμη του, να πάψει να θεωρείται συχνά η έσχατη μέθοδος θεραπείας. Ασφαλώς, δεν είναι τόπος παραθερισμού· το ίδρυμα όπου νοσηλεύτηκα (είχα την τύχη να εισαχθώ σε ένα από τα καλύτερα της χώρας) ήταν πληκτικό και στενόχωρο όπως όλα τα νοσοκομεία. Αν, επιπροσθέτως, συγκεντρώνονται σε έναν όροφο, όπως στον δικό μου, δεκατέσσεραδεκαπέντε άτομα, μεσήλικοι άντρες και γυναίκες θύματα της κατάθλιψης, με ροπή προς την αυτοκτονία, αντιλαμβάνεται κανείς ότι επρόκειτο για ένα περιβάλλον από όπου το γέλιο απουσιάζει. Στη βελτίωση των συνθηκών δεν συντελούσε το φαγητό, που ήταν χειρότερο από αυτό που προσφέρουν οι αεροπορικές εταιρείες, ούτε το είδος της επαφής που είχα με τον έξω κόσμο: μέσα από τη *Δυναστεία*, το *Knots Landing* και το βραδινό δελτίο ειδήσεων του CBS που προβάλλονταν κάθε βράδυ στη γυμνή αίθουσα αναψυχής, τα οποία ορισμένες φορές μου δημιουργούσαν, τουλάχιστον, την αίσθηση ότι το μέρος όπου βρήκα καταφύγιο ήταν ένα πιο συμπαθητικό, πιο ήπιο τρελοκομείο απ' αυτό που άφησα πίσω μου. Στο νοσοκομείο επωφελούμουν από το μοναδικό πλεονέκτημα που μου πρόσφερε φειδωλά η κατάθλιψη – την προοπτική συνθηκολόγησης. Ακόμα και όσοι διαπιστώνουν πως οποιαδήποτε θεραπεία είναι ανώφελη, μπορούν να ελπίζουν πως κάποτε η θύελλα θα περάσει. Αν γλιτώσουν από τη μανία της, η θύελλα σχεδόν πάντοτε ξεθυμαίνει και εν συνεχεία περνάει και χάνεται. Μυστηριώδης όσον αφορά την έλευσή της, μυστηριώδης όσον αφορά την αναχώρησή της, η νόσος διαγράφει τον κύκλο της και ο ασθενής ησυχάζει.

Όσο ανάρρωνα, η ρουτίνα του νοσοκομείου, με τις εσωτερικές της κωμωδίες καταστάσεων, μου πρόσφερε ένα είδος ψυχαγωγίας. Λένε ότι η ομαδική ψυχοθεραπεία έχει τα πλεονεκτήματά της· δεν θα ήθελα επ' ουδενί λόγω να υποτιμήσω μια μέθοδο που για ορισμένα άτομα είναι αποτελεσματική. Όμως η ομαδική ψυχοθεραπεία προσωπικά δεν μου πρόσφερε τίποτα πέρα από το να με εξοργίζει, πιθανώς επειδή τη διηύθυνε ένας αχώνευτα ξιπασμένος νεαρός τρελογιατρός, με μυτερό σκούρο μούσι (der junge Freud?), ο οποίος, στην προσπάθειά του να μας κάνει να βγάλουμε από μέσα μας τα σπέρματα της δυστυχίας, μας αντιμετώπιζε άλλοτε με συγκατάβαση κι άλλοτε με φοβέρα, και κάπου-κάπου έκανε μια-δυο, αξιοθρήνητες με τα κιμονό και τα μπιγκουτί τους, ασθενείς να αναλύονται σε δάκρυα, τα οποία ασφαλώς εκείνος θεωρούσε δάκρυα ικανοποίησης. (Τα υπόλοιπα μέλη της ψυχιατρικής ομάδας μού φαίνονταν υποδειγματικά όσον αφορά τη διακριτικότητα και τη συμπαράστασή τους προς τους ασθενείς.) Στο νοσοκομείο ο καιρός περνά αργά, και το καλύτερο που μπορώ να πω για την ομαδική ψυχοθεραπεία είναι ότι βοηθούσε στο να σκοτώνουμε την ώρα μας.

Το ίδιο μπορεί να ειπωθεί λίγο-πολύ για την ψυχοθεραπεία μέσα από την τέχνη, κάτι σαν οργανωμένος παλιμπαιδισμός. Υπεύθυνη της τάξης μας ήταν μια ενθουσιώδης νεαρή γυναίκα με ένα μόνιμο, ακούραστο χαμόγελο, απόφοιτος, ολοφάνερα, σχολής που πρόσφερε μαθήματα διδασκαλίας της τέχνης σε άτομα με ψυχικές διαταραχές· ακόμα και μια δασκάλα ειδικευμένη στην εκπαίδευση καθυστερημένων μικρών παιδιών δεν θα μπορούσε να προκαλέσει, όση προσπάθεια κι αν κατέβαλλε, τόσα ομαδικά χασκόγελα και κακαρίσματα. Ξετυλίγοντας μεγάλα ρολά λείου χαρτιού, μας προέτρεπε να πιάσουμε τα χρωματιστά μολύβια και να ζωγραφίσουμε θέματα της αρεσκείας μας. Το Σπίτι μου, παραδείγματος χάριν. Υπάκουσα εξοργισμένος, ταπεινωμένος, και ζωγράφισα ένα τετράγωνο με μια πόρτα, τέσσερα ασύμμετρα παράθυρα και καμινάδα στη σκεπή, από όπου έβγαινε οφιοειδώς ο καπνός. Δέχτηκα καταιγισμό επαίνων, και καθώς οι εβδομάδες περνούσαν και η υγεία μου βελτιωνόταν, το ίδιο συνέβαινε με την αίσθησή μου περί κωμικού. Άρχισα να κατασκευάζω με ενθουσιασμό μοντέλα από χρωματιστό πηλό, λαξεύοντας αρχικά ένα φριχτό πράσινο μικρό κρανίο με γυμνωμένα τα δόντια, το οποίο κατά τη δασκάλα μας ήταν εκπληκτικά ακριβές αντίγραφο της κατάθλιψής μου. Κατόπιν προχώρησα στα ενδιάμεσα στάδια της ανάρρωσής μου πλάθοντας ένα ροδαλό και αγγελικό κεφάλι με αγαθό μειδίαμα του τύπου «Καλή σας ημέρα, μαντάμ». Συμπίπτοντας χρονικά με την αποθεραπεία μου, η εν λόγω δημιουργία γέμισε με ειλικρινή χαρά τη δασκάλα μου (την οποία άθελά μου είχα συμπαθήσει), αφού, όπως μου είπε, συμβόλιζε την ανάρρωσή μου και ως εκ τούτου ήταν συμπληρωματική απόδειξη της θεραπευτικής συμβολής της τέχνης.

Είχε φτάσει Φεβρουάριος, και μολονότι δεν πατούσα ακόμα γερά στα πόδια μου, ήξερα ότι είχα αναδυθεί και πάλι στο φως. Δεν αισθανόμουν πλέον τον εαυτό μου σαν άδειο κέλυφος, αλλά σαν σώμα του οποίου οι ηδείς χυμοί αναδεύονταν εκ νέου. Ύστερα από πολλούς μήνες, είδα το πρώτο μου όνειρο, που ήταν μεν μπερδεμένο, αλλά μου έμεινε αλησμόνητο, με μια φλογέρα σε κάποιο σημείο, και μια αγριόχηνα, και μια νεαρή χορεύτρια.

IX

ΣΕ ΓΕΝΙΚΕΣ ΓΡΑΜΜΕΣ οι περισσότεροι ασθενείς, ακόμα και όσοι πάσχουν από βαριάς μορφής κατάθλιψη, συνέρχονται και ζουν το υπόλοιπο της ζωής τους εξίσου ευτυχισμένοι με τους μη νοσήσαντες συνανθρώπους τους. Αν εξαιρέσουμε τη φρίκη ορισμένων αναμνήσεων, η βαριά κατάθλιψη αφήνει ελάχιστα μόνιμα τραύματα. Το γεγονός ότι μεγάλος αριθμός –στην ουσία οι μισοί– από όσους βασανίστηκαν μια φορά θα το υποστούν ξανά θυμίζει το μαρτύριο του Σίσυφου· η κατάθλιψη έχει την τάση να επανεμφανίζεται. Όμως τα περισσότερα θύματα ξεπερνούν και αυτές τις υποτροπές και συχνά αντεπεξέρχονται καλύτερα, επειδή γνωρίζουν, λόγω της προηγούμενης εμπειρίας, τον τρόπο αντιμετώπισης του βραχνά. Έχει μεγάλη σημασία όσοι εκδηλώνουν κατάθλιψη, ενδεχομένως για πρώτη φορά, να πληροφορηθούν –να πειστούν, μάλλον– ότι η αρρώστια θα ακολουθήσει την πορεία της κι ότι αυτοί θα κατορθώσουν να απαλλαγούν. Δεν είναι εύκολο· το να φωνάζεις, ενώ πατάς με ασφάλεια στη στεριά, «Κουράγιο!» σ' έναν άνθρωπο που πνίγεται είναι περίπου σαν να τον προσβάλλεις, ωστόσο έχει επανειλημμένως αποδειχθεί ότι αν η ενθάρρυνση είναι αρκετά επίμονη –και συνοδεύεται από θερμή και διαρκή υποστήριξη– ο διατρέχων τον κίνδυνο σχεδόν πάντα σώζεται. Οι περισσότεροι άνθρωποι που βιώνουν την κατάθλιψη στην εφιαλτικότερη μορφή της, ανεξαρτήτως αιτίας, είναι βυθισμένοι σε μια κατάσταση μη ρεαλιστικής απόγνωσης, βασανίζονται από φανταστικές συμφορές, που αποκτούν στο μυαλό τους υπερβολικές διαστάσεις, νομίζουν ότι απειλούνται από ολέθριες καταστάσεις, που δεν έχουν καμία σχέση με την πραγματικότητα. Ενδεχομένως, αυτό απαιτεί από την πλευρά των φίλων, των εραστών, της οικογένειας, των θαυμαστών μια αφοσίωση σχεδόν θρησκευτική, προκειμένου να πειστούν οι πάσχοντες ότι τη ζωή αξίζει να τη ζεις, πράγμα που συχνότατα έρχεται σε σύγκρουση με το αίσθημα προσωπικής ανεπάρκειας των καταθλιπτικών, όμως αυτού του είδους η αφοσίωση έχει αποτρέψει αναρίθμητες αυτοκτονίες.

Το καλοκαίρι που εκδηλώθηκαν τα πρώτα συμπτώματα της αρρώστιας μου, ένας στενός φίλος –γνωστός αρθρογράφος– νοσηλεύτηκε σε νοσοκομείο λόγω βαριάς μανιοκατάθλιψης. Όταν το φθινόπωρο άρχισα να πηγαίνω απ' το κακό στο χειρότερο, ο φίλος μου είχε συνέλθει (κυρίως με τη συνδρομή του λίθιου και, εν συνεχεία, της ψυχοθεραπείας), και διατηρούσαμε σχεδόν καθημερινή τηλεφωνική επαφή. Μου πρόσφερε ακούραστη και ανεκτίμητη υποστήριξη. Ήταν ο άνθρωπος που δεν έπαυε να μου υποδεικνύει πως η λύση της αυτοκτονίας ήταν «απαράδεκτη» (ο ίδιος είχε αναπτύξει στο παρελθόν έντονες τάσεις αυτοκτονίας), ενώ χάρη σ' αυτόν η προοπτική της νοσοκομειακής περίθαλψης έπαψε να αποτελεί για μένα φόβητρο. Ακόμα και σήμερα θυμάμαι το ενδιαφέρον και τη φροντίδα του με βαθιά ευγνωμοσύνη. Όπως μου εκμυστηρεύτηκε αργότερα, η βοήθεια που μου πρόσφερε στάθηκε γι' αυτόν ένα είδος συνέχειας της θεραπείας του, αποδεικνύοντας έτσι πως, αν μη τι άλλο, η αρρώστια δημιουργεί φιλίες που αντέχουν στο χρόνο.

Στο νοσοκομείο, καθώς συνερχόμουν, άρχισα να διερωτώμαι –για πρώτη φορά στα σοβαρά– για ποιο λόγο με έπληξε τέτοια συμφορά. Οι αναρίθμητες ψυχιατρικές μελέτες με αντικείμενο την κατάθλιψη περιλαμβάνουν θεωρίες επί θεωριών όσον αφορά την αιτιολογία της νόσου, οι οποίες πολλαπλασιάζονται όπως οι θεωρίες γύρω από το θάνατο των δεινοσαύρων ή την καταγωγή των μαύρων τρυπών. Ο αριθμός και μόνο των εικασιών αποτελεί μαρτυρία του σχεδόν αδιαπέραστου μυστήριου της ασθένειας. Όσο για τον αρχικό μηχανισμό πυροδότησης –αυτό που αποκάλεσα εμφανή συμπτώματα της κρίσης– είναι δυνατόν να με ικανοποιήσει πραγματικά η άποψη πως η αιφνίδια αποχή από το αλκοόλ προκάλεσε το κατρακύλισμα; Και οι άλλες πιθανές εκδοχές – όπως, επί παραδείγματι, το αδυσώπητο γεγονός ότι την ίδια εποχή περίπου πτοήθηκα επειδή πάτησα τα εξήντα, ηλικία φόβητρο, προάγγελο της θνητότητας; Ή μήπως έφταιγε το γεγονός ότι την ίδια ακριβώς περίοδο με βασάνιζε περισσότερο από κάθε άλλη φορά μια ακαθόριστη δυσαρέσκεια όσον αφορά την πορεία της δουλειάς μου –η αδράνεια που με κυριεύει κατά διαστήματα στη συγγραφική σταδιοδρομία μου και που με έκανε δύστροπο και κακοδιάθετο– μεγεθύνοντας τρόπον τινά το πρόβλημά μου με το οινόπνευμα; Ίσως πρόκειται για ερωτήσεις που δεν έχουν απάντηση.

Ούτως ή άλλως, δεν με ενδιαφέρουν τόσο αυτά τα θέματα όσο η αναζήτηση της καταγωγής της νόσου. Ποια είναι τα λησμονημένα ή θαμμένα στη μνήμη γεγονότα τα οποία θα εξηγούσαν την εκδήλωση της κατάθλιψης και τη μετεξέλιξή της σε τρέλα; Μέχρι τη βίαιη εμφάνιση της δικής μου ασθένειας και την τελική της έκβαση, ουδέποτε σκέφτηκα τη σχέση της δουλειάς μου με το υποσυνείδητο – ερευνητικό αντικείμενο των ντετέκτιβ της λογοτεχνίας. Μα όταν ανάρρωσα και ήμουν σε θέση να εξετάζω το παρελθόν υπό το πρίσμα της δοκιμασίας μου, άρχισα να διακρίνω καθαρά ότι η κατάθλιψη γυρόφερνε στις παρυφές της ζωής μου για πολλά χρόνια. Η αυτοκτονία αποτέλεσε μόνιμο θέμα των βιβλίων μου – τρεις από τους σημαντικότερους ήρωές μου έδωσαν τέλος στη ζωή τους. Ξαναδιαβάζοντας, πρώτη φορά έπειτα από πολλά χρόνια, σκόρπιες σελίδες από τα μυθιστορήματά μου –αποσπάσματα όπου οι ηρωίδες μου ακολουθούν παραπαίοντας το δρόμο προς τον όλεθρο– έμεινα έκπληκτος διαπιστώνοντας με πόση ενδελέχεια είχα δημιουργήσει το τοπίο της κατάθλιψης στην ψυχή αυτών των νεαρών γυναικών, περιγράφοντας από ένστικτο –δεν θα μπορούσε να είναι τίποτα άλλο–, το οποίο πήγαζε από ένα υποσυνείδητο ήδη αναστατωμένο από μια ψυχική διαταραχή, την ψυχική αστάθεια που τις οδηγούσε στην καταστροφή. Έτσι λοιπόν, όταν παρουσιάστηκε η κατάθλιψή μου, στην ουσία δεν ήταν κάτι άγνωστο, δεν ήταν καν μια εντελώς απρόσμενη επισκέπτρια· μου χτυπούσε την πόρτα εδώ και πολλές δεκαετίες.

Κατέληξα στο συμπέρασμα πως η νοσηρή προδιάθεση είχε τις καταβολές της στα πρώτα χρόνια της ζωής μου – στον πατέρα μου, ο οποίος για μεγάλο μέρος της ζωής του έδινε μάχη με το θηρίο και που, όταν εγώ ήμουν παιδί, είχε νοσηλευτεί εξαιτίας της κατάδυσής του στη δίνη της απελπισίας, μιας καταβύθισης που παρουσίαζε μεγάλες αναλογίες με τη δική μου, όπως διαπίστωσα εκ των υστέρων. Οι ρίζες της κατάθλιψης είναι πλέον αδιαμφισβήτητες. Όμως είμαι πεπεισμένος ότι ένας ακόμα σημαντικότερος παράγοντας ήταν ο θάνατος της μητέρας μου, όταν ήμουν δεκατριών ετών· αυτή η ψυχική αναστάτωση και η πρώιμη θλίψη –ο θάνατος ή η εξαφάνιση ενός γονέα, της μητέρας, προπάντων, σε προεφηβικό ή εφηβικό στάδιο– απαντά επανειλημμένως στις σχετικές με την κατάθλιψη μελέτες, ως τραύμα που ορισμένες φορές ενδέχεται να προκαλέσει σχεδόν ανεπανόρθωτη συναισθηματική αναταραχή. Ο κίνδυνος είναι ιδιαίτερα εμφανής, αν το νεαρό άτομο έχει σημαδευτεί από «ανολοκλήρωτο πένθος», όπως αποκαλείται – αν απέτυχε, δηλαδή, να βιώσει την κάθαρση που γεννά η θλίψη, με αποτέλεσμα να μεταφέρει μέσα του στα μετέπειτα χρόνια ένα αφόρητο βάρος, τμήμα του οποίου, πέραν της απορριπτέας θλίψης, αποτελούν η οργή και η ενοχή, εν δυνάμει σπέρματα της αυτοκαταστροφής.

Σε ένα διαφωτιστικό καινούργιο βιβλίο για την αυτοκτονία, το *Destruction in the Promised Land*, ο Howard I. Kushner, ο οποίος δεν είναι ψυχίατρος αλλά ερευνητής της κοινωνικής ιστορίας, αναπτύσσει με πειστικότητα τη θεωρία περί ανολοκλήρωτου πένθους και παραθέτει το παράδειγμα του Αβραάμ Λίνκολν. Ενώ παραμένουν ονομαστές οι πυρετώδεις κρίσεις μελαγχολίας του Λίνκολν, είναι πολύ λιγότερο γνωστό ότι κατά την περίοδο της νεότητάς του παρουσίαζε ροπή προς την αυτοκτονία και ότι μια-δυο φορές έφτασε στα πρόθυρα να δώσει τέλος στη ζωή του. Η εν λόγω στάση θα πρέπει να συνδέεται άμεσα με το θάνατο της μητέρας του Λίνκολν, της Νάνσυ Χανκς, όταν εκείνος ήταν εννέα ετών, και την ανεκδήλωτη θλίψη που υποδαυλίστηκε όταν πέθανε η αδελφή του, δέκα χρόνια αργότερα. Αντλώντας στοιχεία από το χρονικό της οδυνηρής πάλης του Λίνκολν με την αυτοκτονία, ο Κάσνερ αναπτύσσει με τρόπο πειστικό όχι μόνο την άποψη ότι η πρώιμη απώλεια κοντινού προσώπου παράγει αυτοκαταστροφική συμπεριφορά, αλλά επίσης, πράγμα που αποτελεί καλό οιωνό, ότι η ίδια συμπεριφορά γίνεται στρατηγική μέσα από την οποία ο ενδιαφερόμενος συμφιλιώνεται με την ενοχή και την οργή του, υπερνικώντας την επιθυμία για θάνατο. Μια τέτοιου είδους συμφιλίωση ίσως συνδέεται με την αναζήτηση της αθανασίας – στην περίπτωση του Λίνκολν, όπως και στην περίπτωση ενός λογοτέχνη, συνδέεται με την υπέρβαση του θανάτου μέσω ενός έργου που έχει αξία για τις επερχόμενες γενιές.

Αν λοιπόν η θεωρία περί ανολοκλήρωτου πένθους είναι έγκυρη, και θαρρώ πως είναι, κι αν αληθεύει η θεωρία ότι στον βαθύτερο πυρήνα της αυτοκτονικής συμπεριφοράς ενός ανθρώπου κρύβεται το γεγονός ότι εξακολουθεί υποσυνείδητα να είναι δέσμιος μιας κολοσσιαίας απώλειας, ενώ συγχρόνως προσπαθεί να ξεπεράσει τις καταστροφικές της συνέπειες, ίσως εγώ γλίτωσα το θάνατο λόγω του όψιμου φόρου τιμής προς τη μητέρα μου. Είναι γεγονός ότι τη σκεφτόμουν διαρκώς εκείνες τις τελευταίες ώρες, προτού κάνω το βήμα για τη σωτηρία μου, όταν άκουσα το μέρος από την *Alto Rhapsody* – το οποίο την είχα ακούσει να τραγουδά.

X

ΠΡΟΣ ΤΟ ΤΕΛΟΣ μιας από τις πρώτες κινηματογραφικές ταινίες του Ίγκμαρ Μπέργκμαν, με τίτλο *Μέσα από τον σπασμένο καθρέφτη*, μια νεαρή γυναίκα, δέσμια σοβαρότατης ψύχωσης, όπως όλα δείχνουν, πέφτει θύμα μιας τρομακτικής παραίσθησης. Καθώς περιμένει την έλευση μιας υπερβατικής και λυτρωτικής εμπειρίας της θέασης του θείου, βλέπει αντ' αυτού την τρεμάμενη μορφή μιας τερατώδους αράχνης, η οποία αποπειράται να τη βιάσει. Είναι μια στιγμή φρίκης και ειδεχθούς αποκάλυψης. Παρ' όλ' αυτά, ακόμα και σε τούτο το φανταστικό όραμα του Μπέργκμαν (ο οποίος υπέφερε από κατάθλιψη) διαισθανόμαστε ότι, παρά την καταπληκτική μαεστρία του, αδυνατεί να αποδώσει πιστά τη φρικιαστική φαντασμαγορία του πνεύματος που βυθίζεται στην απόγνωση. Από την αρχαιότητα –μέσα από τον βασανισμένο θρήνο του Ιώβ, μέσα από τα χορικά του Σοφοκλή και του Αισχύλου– οι χρονικογράφοι του ανθρώπινου πνεύματος αγωνίζονται να βρουν λέξεις ικανές να εκφράσουν επαρκώς τη συντριβή της μελαγχολίας. Το θέμα της κατάθλιψης περνά μέσα από όλη τη λογοτεχνία και την τέχνη σαν άφθαρτο νήμα καμωμένο από τη θλίψη –από το μονόλογο του Άμλετ ως τα ποιήματα της Έμιλυ Ντίκινσον και του Τζέραλντ Μάνλεϋ Χόπκινς, από τον Τζων Νταν ως τον Χώθορν και τον Ντοστογιέφσκι και τον Πόε, τον Καμύ και τον Κόνραντ και τη Βιρτζίνια Γουλφ. Σε πολλά χαρακτικά του Άλμπρεχτ Ντύρερ απεικονίζεται με τρόπο σπαρακτικό η δική του μελαγχολία· τα μανιακά περιδινούμενα άστρα του Βαν Γκογκ είναι προάγγελοι της κατάδυσης του καλλιτέχνη στην παραφροσύνη και την αυτοκαταστροφή. Μια οδύνη συχνά χρωματίζει τη μουσική του Μπετόβεν, του Σούμαν και του Μάλερ, και διαποτίζει τις πιο ζοφερές καντάτες του Μπαχ. Η εκτενής μεταφορά που αποτυπώνει με τη μεγαλύτερη πιστότητα αυτή την απύθμενη δοκιμασία είναι, εντούτοις, η μεταφορά που συνέλαβε ο Δάντης, και οι πασίγνωστοι στίχοι του εξακολουθούν να αιχμαλωτίζουν τη φαντασία προαναγγέλλοντας το αδιαπέραστο μυστήριο, την επερχόμενη σκοτεινή μάχη:

Nel mezzo del cammin di nostra vita
Mi ritrovai per una selva oscura,
Ché la diritta via era smarrita.

Στο μεσοστράτι απάνω της ζωής μας
Σε σκοτεινό πλανέθηκα ρουμάνι,
*Τι 'ταν ο δρόμος ο σωστός χαμένος.**

Μολονότι είναι βέβαιο πως αυτά τα λόγια έχουν χρησιμοποιηθεί αρκετές φορές για να απεικονίσουν τα δεινά της μελαγχολίας, το δυσοίωνο προμήνυμά τους συχνά επισκιάζει τους αισιόδοξους τελευταίους στίχους του πιο γνωστού μέρους του ποιήματος. Οι περισσότεροι από όσους πέρασαν μέσα από τη φρίκη της κατάθλιψης διαπίστωσαν ότι είναι τόσο σαρωτική που δεν περιγράφεται με λόγια, εξ ου και η γεμάτη αποθάρρυνση αίσθηση ανεπάρκειας που συναντάμε ακόμα και στο έργο κορυφαίων καλλιτεχνών. Εντούτοις, αναμφιβόλως, στην επιστήμη και στην τέχνη θα συνεχιστεί η αναζήτηση ενός τρόπου σαφούς αναπαράστασης της έννοιας της κατάθλιψης, η οποία, για όσους την έζησαν, είναι ορισμένες φορές το απείκασμα όλων των δεινών του κόσμου μας: του χάους και της δυσαρμονίας στην καθημερινότητά μας, του παραλογισμού

* Μετάφραση Ν. Καζαντζάκη. (Σ.τ.Μ.)

μας, του πολέμου και των εγκλημάτων, των βασανισμών και της βίας, της ροπής που ωθεί προς το θάνατο και την απόδραση απ' αυτόν, ενωμένα μέσα στην αφόρητη και λεπτή ισορροπία της Ιστορίας. Αν η ζωή μας δεν είχε άλλη διάσταση πέραν αυτής, θα επιθυμούσαμε, και ενδεχομένως θα μας άξιζε, να πεθάνουμε· αν η κατάθλιψη δεν είχε τέλος, τότε η αυτοκτονία θα ήταν, πράγματι, η μόνη γιατρειά. Όμως δεν χρειάζεται να καταφύγουμε σε ηχηρές τυμπανοκρουσίες για να προβάλουμε την αλήθεια ότι η κατάθλιψη δεν συνεπάγεται την εκμηδένιση της ψυχής· άντρες και γυναίκες που έχουν αναρρώσει από την ασθένεια –είναι, δε, αναρίθμητοι– αποτελούν μάρτυρες αυτού που πιθανότατα είναι η μοναδική θετική πλευρά της: μπορεί να νικηθεί.

Όσο γι' αυτούς που περιπλανήθηκαν στο ερεβώδες δάσος της κατάθλιψης και γνώρισαν την ανεξήγητη ψυχική αγωνία, η έξοδός τους από την άβυσσο δεν διαφέρει πολύ από την έξοδο του ποιητή, που με μύρια βάσανα αναδύεται από τα μαύρα βάθη της κόλασης και φτάνει εντέλει σ' αυτό που αποκάλεσε «φωτεινό κόσμο». Στον κόσμο αυτό, όποιος έχει ανακτήσει την υγεία του έχει ανακτήσει, στις περισσότερες περιπτώσεις, το δικαίωμα στη γαλήνη και τη χαρά, κι ίσως αυτό να προσφέρει ικανοποιητική αποζημίωση

για τα όσα πέρασε βιώνοντας την απελπισία
στην έσχατη μορφή της.

E quindi uscimmo a riveder le stelle.

Κείθε προλάβαμε να ξαναδούμε τα άστρα.